藤 森 照

信 読 本

A.D.A. EDITA Tokyo

目次

- 生い立ち──モノ作りへの興味の芽生え　6
- 少年時代──「狩猟」と「皆でつくる」原体験　12
- 中学・高校時代──建築へ　20
- 大学時代──歴史へ　26
- 近代への志向と建築探偵のこと　34
- 路上観察学会とその仲間たち　42
- 現代建築評論に対する姿勢　50
- 設計のはじまりの頃──神長官守矢史料館　54

神長官守矢史料館　1990-91　58

- スタンディング・ストーン＝御柱？　70
- 赤派／白派のこと　74
- 〈建築の一部〉家として──タンポポハウス　78

タンポポハウス　1990-95　80

- ニラハウスのこと　92

ニラハウス，薪軒　1995-97　94

- 縄文建築団と素人の建築　106

浜松市秋野不矩美術館　1995-97　112

- 構造と形──秋野不矩美術館のこと　118
- 職人との関係，共同設計者との関係　128
- 材料を生かす手腕　134

不東庵工房　2001　138

- 施主に選ばれ，施主を選ぶ──依頼主との関係　142

一夜亭　2003　144

養老昆虫館　2003-05　156

ねむの木こども美術館　2006 ……………………………… 164
□ 建築の本質を凝縮する──茶室のこと ……………………… 168
矩庵　2002-03 …………………………………………………… 170
茶室 徹　2005 …………………………………………………… 178
高過庵　2003-04 ………………………………………………… 182
□ 普通の人に愛される建築──高過庵 ……………………… 184
ラムネ温泉館　2004-05 ………………………………………… 194
□ ラムネ温泉館のこと …………………………………………… 196
□ 材料の選択──炭と竹 ……………………………………… 204
ザ・フォーラム，炭軒　1998-99 ……………………………… 206
焼杉ハウス，松軒　2005-07 …………………………………… 210
□ 庭か？ 建築か？ ……………………………………………… 222
コールハウス　2007-08 ………………………………………… 226
ROOF HOUSE　2007-09 ………………………………………… 230
□ 屋根と土の力──ROOF HOUSE ……………………………… 236
□ 間取りの起源を探る──火と洞窟 ………………………… 242
□ 国籍不明建築の正体 ………………………………………… 246
Black Teahouse，ビートルズハウス，入川亭，忘茶舟
□ 巨匠論──欠落と突出の末に成し得るもの ……………… 254
□ 空飛ぶ泥舟のこと …………………………………………… 268
空飛ぶ泥舟　2010 ……………………………………………… 274

憧れと研究，原点と設計
対談：伊東豊雄・藤森照信 …………………………………… 280

作品リスト ……………………………………………………… 292

□ 生い立ち――モノ作りへの興味の芽生え

GA 今日は,「高過庵」(2004年) に来ているのですが,この辺りは,藤森さんが生まれ育った場所ですね。ここから処女作の「神長官守矢史料館」(1991年) がすぐ近くに見下ろせるし,その向こうにはご実家がある。

まずはこの長野県茅野市でお生まれになったところから,微に入り細に入り,お話いただければと思います。ご両親も,茅野のご出身だったのですか?

藤森 そうです。記録では,藤森家は江戸時代初期からここにいる。江戸時代の初期までは,この村は諏訪大社の筆頭神官である神長官守矢家が支配していて,行政権も持っていた。守矢家は現在78代目の当主がいて,先代の77代目がぼくの名前を付けてくれました。本当に古くからこの場所にいて,諏訪大社の信仰を護っていた。

守矢家は古代・中世の習慣である行政と宗教,つまり祭政一致の権限を江戸初期まで持っていた。ところが近世の社会体制はそれを許さないわけです。行政権は宗教から離すことになっていましたから。当時の高島藩 (諏訪藩) の初代藩主日根野氏が守矢家の宗教権を奪うために,上諏訪にあった藤森家をこの村に寄こして,初代の庄屋になる。

藤森家は守矢家の真ん前にやってきて,守矢家の敷地の角に,自分たちの先祖を奉る神社をつくる。「藤森神社」といいますが,今でも「神長官守矢史料館」の前方にあります。ぼくは,その藤森家の流れです。

藤森家にも,守矢家の行政権を取ったという話は伝わっていたのですが,「神長官」をつくった時に,守矢家の御当主が普通は見せない資料を出してきてくれました。そこには,"藤森家が来て,我が家 (守矢家) の支配権を取って,角に神社を置いた"と書かれていた。

神社を置いたのは,守矢家の呪術が本気で恐かったからだと思います。今は囲われていますが,呪詛する場所もまだ残っています。村では守矢家を中心に江戸時代まで「蟇

□生い立ち——モノ作りへの興味の芽生え

目講」があったのですが、蟇目とはカエルの目玉で、守矢家が奉るミシャグジ神が好む食べ物なんです。

　私の実家は、殿様が来た時に泊めるための家で、田舎にしては珍しく、上段の間があります。江戸末期にはお祖母さん一人になっていたが、本家から養子が来て、続いてきました。

　江戸時代初期、守矢家と藤森家はそういう事情がありましたが、地方の小地主でもあったので、付き合いはあり、それで、ぼくの名前を付けてくれた。

　名付け親は、田舎では重要な存在で、小・中・高・大学へ上がる時には、必ず挨拶に行っていました。

GA　ゴッドファーザーですね。

藤森　そうです。挨拶に行くとお爺さんとお婆さんが出迎えてくれる。お爺さんは自分の家の庭でよく弓の練習をしていました。今の御当主の早苗さんは、ぼくの幼馴染み。その縁で「神長官」を設計することになった。

GA　どんな子供時代を過ごしたのですか。

藤森　本当に、この辺りの野山を駆け巡りながら育ちました。小さい頃に見た村の景色は、克明に覚えています。何処にどんな木が植わっているか、水が流れているか、石垣の形、時期が来ると何処で何が取れるか、例えば、何処にアケビの蔓が絡んでいるか……。自分でも呆れるくらい（笑）。理由は、村の外では遊ばないからです。恐いし、喧嘩するから、村の外には出ない。隣の村の子供に会うと石を投げていましたから。

GA　対立があったのですか？

藤森　両者の間に具体的な問題があったわけではなくて、そういう「戦い」が楽しかったんでしょう（笑）。ただ、村同士の対立に歴史的な根拠があると思ったことがありました。村の間に小さな川が流れていて、今は改修されましたが、当時は天井川でさらに暴れ川でした。子供の時の記憶

小学校入学式の日

ですが，台風になると，両村の大人たちが皆，棒を持って川の両サイドに並ぶのです。基本的には，流れてくるものを棒で流してつっかえないようにする。後で大人に聞いたら，自分の村の側の堤防が崩れそうになると，相手側の土手を突き崩すことがあったらしい。

子供たちのレベルではそんなことは知らないから，ただ遊びとして交戦してるだけ（笑）。

GA 子供は親の鏡ですから（笑）。

藤森 その頃を思い出すと，相当，古い社会構造だったと思います。子供は村の中でしか過ごさないので，近所付き合いは濃密で，他人の家の中までよく知っていました。

例えば，当時，田舎では，お風呂が大変でした。7軒の家に風呂桶が一つあって，それを動かしていくのです。担当の家の責任で水を汲んで，火を炊く。だから，風呂というのは，他人の家に転々と入りに行くものだった。他人の家でこたつにあたってお菓子を食べながら順番を待つ。そんな習慣だったから，廻りの家の事は全部知っていました。

自然に囲まれた田舎だったけれど，制度的なものは近代化していました。例えば学校や病院，警察，駅，郵便局……。それらは洋風で近代的なものだった。日常生活に関して，ぼくの家の中で，明らかに江戸時代になかったものは，裸電球に陣笠の電灯。それとガラスが中央にはまった障子。それは，大正9年に，我が家が村で一番最初に導入したと聞いています。三つ目は山水を引いた簡易水道。それと親父が手作りしたラジオ。江戸時代になかったのは，この四つだけです。

国が上から整備してくるものは近代的だった。だけど，生活はまだ江戸時代。それが都会との決定的な差だと思います。都会は国が整備するものだけではなくて，自分たちの生活もかなり近代化していたはずです。信号があったり。

GA ここでは必要がないと言えば，必要がないわけですね。

□生い立ち——モノ作りへの興味の芽生え

戦後のお生まれですが，戦争のダメージはありましたか？

藤森 ぼくは昭和21年の生まれで，基本的に田舎は食料不足がなかった。戦争のダメージの一番は食料不足で，腹が減って動けなくなるわけです。食料には困らなかったし，むしろ，買い出しに来てくれることで潤っていた。

親父は学校の先生だったから，兵隊にずっとは行かなくてもよかったんです。日本が偉いと思うのは，教育だけは，最後までやっていた。だから，父は徴兵に行ったけれど，すぐに帰ってきたそうです。

戦後，村に米軍が来た話を聞いたことがあります。米軍は武装解除をするために全国を廻るのですが，ルールがあるらしく，まず，大砲は砲芯を切る。銃器は集めて燃やす。ジープを飛ばして各村をチェックする。我が村では，ぼくの家に来て，目的は武器を集めること。刀狩りみたいなものです。刀については，目に付かない場所に隠して，目に付くところには，アメリカ人が喜びそうな人形を置いたら，それを持って帰った。戦争絡みのエピソードといえば，それくらい。

空襲はなかったけど，戦闘機が，そこらを歩いている人を撃ったりしていたそうです。

GA ここまで来ていたのですか。

藤森 長野市とか，どこかに行く途中だと思います。戦闘機が護衛で来て，ついでにハンティングのように撃っていた。ぼく自身は，戦争に関する記憶は全くなくて，後年，周りの人に聞いただけです。

もともと，江戸時代に近い日常生活だったし，一応地主でもあったので，生活には困らなかった。

GA お父様は学校の先生だと言われましたが，この辺りにお勤めだったのですか？

藤森 当時は，地主の息子であっても，何か仕事をやらなくてはならなかった。長野の師範学校に行って，小学校や

小学校2年頃，父と

中学校の先生をしていました。親戚の中で親父だけがサラリーマン。後は皆農業をしていました。田畑もあったので,農業は子供の頃から手伝っていました。田植えから,下肥を運んだり。自分の家で食べる分プラスアルファくらいは生産していました。

GA 藤森さんの家も本業ではないわけですよね。

藤森 そうです。本業ではないけれど,体験だけはしている。今は,この村も専業農家はなくなって,皆,兼業です。

　建築家の中で,農業の経験があったり知識がきちんとある人がいないのでびっくりするんだ。農業の経験がある建築家って知ってる?

GA いや,知らないですね。

藤森 上諏訪の伊東豊雄さんの実家も,田舎だけれども味噌屋さんだし,飯田育ちの原広司さんは洋服屋さん。意外といない。

　ぼくは歴史をやってるから,建築家の経歴については詳しいけれど,辰野金吾始め,初期の建築家は皆,武士の子供。第二世代の武田五一の世代くらいまでは皆そうです。

秋の刈り入れ。左端が藤森氏。小学校高学年頃

□生い立ち──モノ作りへの興味の芽生え

　武士の子供でなかった人は例外で，町人の子供も若干はいますが，後は大きな地主の子供。昔はそういう人たちしか高等教育を受けられなかったから当然ですが，農業体験がある建築家については知りません。意識的に調べたわけではないけれども，思い付かない。
　ぼくの技術の感覚は，この村で育った経験から身についています。村の山が広大にありますから，「山番」といって，山の木が盗伐されていないかチェックする当番がありました。当時，木というのは，建材でありエネルギー源であり，最大の鉱産物のようなものだった。変な人が入っていないか，山が荒れていないか。大人に付いて行って，小さな頃から木の生育を見ていた。木を切る職人の姿もよく見ていたし手伝ったりもしました。村の製材所にも幼馴染みがいたし。
　農作業小屋や木で小屋をつくったりするのは，素人の仕事で日常的なことでした。石についても，父が庭をつくるのが好きで，冬の間に馬で庭石を引き出してくる。引き出した後は，テコやコテを使って動かす。石を欠いて，石垣をつくる。自分の家の庭は家族労働でつくったので，石の動かし方はよく知っています。この辺りは段々畑になっていますから，土を動かして造成するのも手伝っていました。
　言わば自給自足の生活をしていたんですね。
GA　つまり，ごく小さな頃から，農作にしろ工作にしろ，モノ作りが身体に擦り込まれていたんですね。

□ 少年時代──「狩猟」と「皆でつくる」原体験

GA 小学校の頃は，何に興味がありましたか？ どういう遊びをしましたか？ 東京の子供たちとは圧倒的に違うのではないかと思うのですが。

藤森 テレビはないし，家の中で遊ぶことはまずない。一番楽しかったのは，小動物を捕ってきて飼うこと。

GA どんな動物を（笑）？

藤森 鳥が多かったね。ホウジロとかシジュウカラとか。できればヒナを捕る。どこで産んでいるかだいたい知っているから，捕ってきて餌をやって育てる。でも，子供が捕るには限界がある。

隣の家のカッチャンの叔父さんが山の中で仙人をしていたんだけど……。

GA 仙人？ 簡単に言われますけど，仙人ってどういうことですか（笑）？

藤森 そのお爺さんは，村の助役をしていて，数少ないインテリだった。何か思うところがあったのでしょう。山に入って仙人のような暮らしをしていたので，ぼくらはそう呼んでいた。「神長官」の門前の辻で遊んでいると，「仙人」が，たまに実家に帰ってくる。ボロボロの服を着て，たぶんお米などの食料を実家に取りにきていた。仙人はヤギも飼っていて，一升ビンに入れたヤギの乳を持ちながら，雰囲気は大黒様のようだった。仙人は尊敬されていて，子供はだいたい異質なものをはやし立てるんだけど，そんなことはしなかった。ちゃんとよけて道を開ける。仙人はニコニコしながら歩いていく。

小学校のときに，一度だけ，カッチャンに付いてその仙人の居所に行ったことがあります。せせらぎのほとりの縄文住居みたいな仮住まいで，水飲み場があって万年床が敷いてある。枕が石だったんだけど，髪の脂でつるつるになっていました（笑）。床に新聞紙がたくさん敷いてあって，書道をしている。漢詩が書かれていた。江戸期の文化を継

□少年時代──「狩猟」と「皆でつくる」原体験

ぐインテリで，達観した暮らしに憧れがあったのかもしれない。

　その仙人が珍しい動物を捕って，カッチャンの実家に持ってくる。二つ覚えていて，一つはフクロウ。フクロウがいる場所は知っていたけれど，覗いてもいつもいなかった。仙人は巣の近くに住んでいたから，ヒナの時に持ってきた。それをカッチャンが自慢するんだよ。フクロウと雀の子じゃ格が違う。カッチャンはある程度大きくなるまで育てて，慣らして，公民館で飛ばして見せるわけ。飛ばした後呼ぶと，自分の元に戻ってくる。それが羨ましくてね。もう一つは野ウサギ。野ウサギは子供が捕るのは大変です。夜行性で昼間は穴の中にいるからね。人間に慣れない動物で，檻の中で狂ったように走り廻ってぶるぶる震えてた。いっさい餌を食べなかったらしくて，しばらくして死んでしまった。

　小動物を捕って飼うのが楽しかった。土地柄なのか，狩猟的な欲求があったのかもしれません。後は，おにごっこやチャンバラごっこ，泥遊び，川を塞き止めて蟹を捕った

小学校2年頃，友達と

り，川にダムをつくって決壊させたり。おしくらまんじゅうとか。ぎゅうぎゅう押して何が面白かったんだろう（笑）？ ビー玉がないからトチの実で代用させて遊んだり。
　野球をやりましたね。棒野球と呼んでいたのだけど，球がないから棒でやるんです。

GA 球技なのに球がないのですか？

藤森 短い棒を長い棒で打つんです。ぼくがその話をしたら，赤瀬川原平さんに「冗談だろ？」と言われましたよ（笑）。

GA 棒を棒で打つって想像できないな（笑）。

藤森 ちゃんとルールがあって，野球の変形なんです。親父に聞いたら，「自分たちは棒ベースと言っていた」らしいから，この辺りの伝統なのかもしれない（笑）。球となる棒を置いて，打者はそれをバットに見立てた棒ではね飛ばす。それを空中で捕ればアウト。ゴロの場合は，守備が取った所から投げて，ホームに置かれたバットに重なればアウト。外れれば一塁に行ける。流行っていました。もちろん，大人はちゃんとした野球をやっていましたよ。

GA ちょっと安心しました（笑）。

藤森 何の疑いもなく，野球だと思ってやっていました。大人の野球とは違うけれど，子供の野球はこれなんだと。赤瀬川さんがあんまり不思議がるので，しゃべらないようにしていたんだけど。球技は，球がない棒野球だけ（笑）。

　工作は好きでしたね。ぼくが子供の時に，初めて季節保育園というのが出来て，農繁期だけ子供を預かってくれた。ぼくが学校に上がる前年にフルタイムの保育園になって，通うようになった。行った初日のことはよく覚えています。先生が「好きなところに座りなさい」と言ったんです。ぼくは窓辺に座った。すごく景色が良かったから。皆は机に座っていました。ぼくは何とも思っていなかった。絵を描く時間になって，そこでは描けないから机に移ったんです。

雪穴の中から

□少年時代──「狩猟」と「皆でつくる」原体験

　その時，皆花や山を描くのですが，ぼくは「むかしのひと，いまのひと」と題して描いた。昔の人はちょんまげを結っていて，服にツギを当てた。自分でも上手いことを考えたと思いました。昔の人は貧しかったから，服にツギがある。先生がそれを褒めてくれたのを覚えています。

　もう一つ，保育園時代，雪の日に外で遊んでいて，ままごとのお茶碗を雪に押しつけたら，丸くなった。それで，二つの茶碗で雪を挟んだら玉ができる。皆がとても喜んで真似をした。それで，面白いことを発明したらウケるんだと思いました。手で何かつくったり，工夫したりする喜びに目覚めたわけです。

GA　創造力豊かな子供だったんですね。

藤森　大工仕事も小学校に上がる前後に初めてしたのを覚えてます。大工さんの仕事を見ていたら，砥石が台の上に載っていた。砥石は鎌を研いだりするから，親が使うのを見ていたのですが，うちのには台がなかった。これだと思って，うちの砥石に台をつくろうと。親父は学校の先生だったから，図工の授業のためなのか，ちゃんとした大工道具が一式箱に入って，家にありました。それを持ち出してきてノミで木を削っていたら，手を切った。怒られると思った。親父の道具を勝手に使って，怪我をしてしまったから。そしたら親父は怒らずに，「ノミはこうやって使うんだ」と教えてくれたんです。その時に何となく，大工道具を使って何かつくることは，我が家では奨励されていると思いました。

　中学時代まではよくモノをつくっていました。捕鯨船はすごくよい出来だった。

GA　捕鯨船？

藤森　まず茄子を池に浮かべてクジラに見立てる。捕鯨船の底からは針金が水中に突き出ていて，それが茄子に触れるとセンサーとなり，船からモリが空中に発射され茄子に

突き刺さる。モリは自転車のスポークでつくりました。棒のセンサーは外からは見えないから，近づくだけで矢が発射されたように見えて茄子がぐらっと傾いて大成功（笑）。

　あとは，空を飛ぼうと思った。学校にあった伝記本で「鳥人幸吉」の存在を知ったんです。江戸時代中期に，日本で初めて空を飛んだとされる人物です。その絵を見たら，簡単な羽で飛んでいる。「これなら自分でもできる！　つくろう」と思った。ある程度つくったところで，挫折しました。今となってはやらなくてよかったと思います。屋根から飛び降りているところだった（笑）。

　後に，路上観察で静岡を訪れた時に，鳥人幸吉の墓に出くわしてお参りしました。もともと岡山の人ですが，グライダーのようなものをつくって飛んだ。その距離も分かっている。でも，「天狗だ」と言われて，飛行を禁止されたらしい。

　モノ作りの最後は，高校3年生の時に陶芸にはまって，自分で窯をつくったりしました。ろくろが欲しかったから，自転車の車輪を使ってつくったけれど，軸が安定しないから，綺麗に回らない。でも，小さな茶碗くらいはつくれましたよ。大学生になってからは，モノ作りの趣味はなくなって……，今，またやっていますけれど（笑）。

GA　身近なものに工夫，つまり技術を加えてモノをつくる……，天性なんですね（笑）。

藤森　幼い頃の重要な経験としては，小学校2年の時に江戸時代の茅葺きの農家を建て替えることになったこと。親父は結構モダニストだったから，古いものは嫌だったんでしょう。親父のモダニストぶりは困ったものでした。金属系の素材やプラスチックが好きなの。

GA　藤森さんはその反動ですか（笑）。

藤森　親父は「神長官」が出来た時の一番の批判者でした。「何であんな古臭いものをつくるんだ。何でタイルを貼らな

江戸時代に建てられた茅葺きの生家▽▷

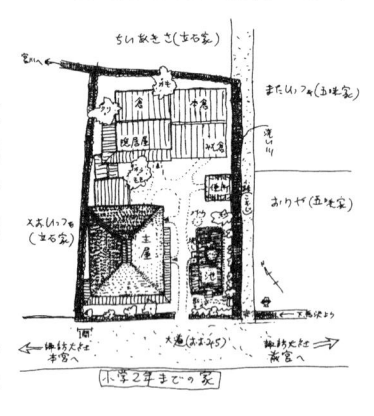

□少年時代──「狩猟」と「皆でつくる」原体験

いんだ？」と。

　だから，村で一番に茅葺きの家を壊したんです。ちなみに当時は，村の工事は村の人が手伝うという古い習慣がありました。結と言っていましたが，コミュニティにおける共同作業の制度です。屋根の茅を葺くのは無茶苦茶手間がかかる。プロの技術はいらないけれど，大量の人手が必要だから，手伝ってもらう。子供たちは，落ちた茅を集めたり，運んだりするだけですが。落とした後，田んぼに持って行って燃やすが，一軒で物凄い量になる。それをわんわん，がんがん，燃やす。

　その茅葺きの建物を解体して新しい家を建てました。これは直接的にぼくの建築的な体験になっています。当時，早稲田大学で建築を勉強していた従兄に設計をお願いしたらしい。基本設計だけだったようですが，田舎にしてはモダンなものでした。

　お袋は上諏訪の弟子が40人もいた大工棟梁の娘なのですが，うちの建て替えは，弟子の棟梁の一人であるカンズーサ（藤森一衛）が工事をすることになりました。カンズーサの父である老棟梁のお爺さん，藤森義定さんが来て，うちの離れに泊まることになった。家族も家を壊したから，離れにいます。棟梁が来て，一年間同居する。朝になると，家に息子と弟子が通ってきて工事をする。ぼくにとっての問題は，時間が来たら工事が終わって若い衆は上諏訪に帰るんだけど，爺さんは住み込みだから，残って片づけをやっている。そこにぼくが学校から帰ってくる。そうすると手伝いです。爺さんは，ぼくのお袋を子供の頃から，親方の娘として知っている。その子供だから，孫みたいなものなんです。可愛がってくれる反面，気軽に手伝わされる。遊びに行きたいのに，カンナ屑の片づけとかさせられる。ミキサーがないから，壁土を足で踏んだり，運んだり。当時は嫌だったんだけど，記憶に残っていることがいっぱい

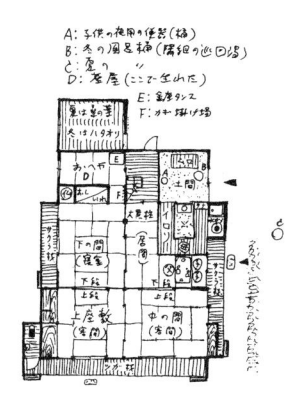

17

あるから，印象深かったんでしょう。
　工事には謎があって面白かった。例えば，前の家で使っていた古木を再利用する際，墨縄で墨を打って，ホゾを開けるために，手回しのキリを使う。ぼくの仕事は，キリの穴が開いた後に，水を指す係。なんで，木に水を指すのか不思議に思って，訊く。「古いよく乾いた木だから固いので，水を指しておくと，翌日にノミで削る時にやりやすい」と教えてくれる。
　家に古い栗の木があって，それで床用の板をつくっていた。木こりが二人来て，手で引いていた。村の製材所では，直径50センチくらいまでしか引けなくて，1メートルほどの栗は手で引いた。大工さんや棟梁たちは，子供が行くとからかったりして陽気なんだけど，木こりのおじさんはひたすら無言で作業するから，ちょっと恐い感じがしました。後に知ったんですが，「木こりの一升飯」というくらい重労働なんです。それに，技術は要るんだけど，単純作業を続けないといけないから，寡黙な性格の人が多い。おしゃべり好きな人は向かない。木こりのおじさんは1週間くらい来ていたかな。とても，印象的でした。

GA　小さい頃は，嫌々手伝っていた部分もあったんですよね？
藤森　そうなんだけど，やってみると面白いと思うこともたくさんあった。
GA　好きだったわけですね。
藤森　そう，好きだった。遊びに行きたいから，仕事があるのは嫌だったけど，作業自体は楽しかった。
　そういうことを見聞きしながら，1年間過ごした。地ならしのためにヨイトマケをする（大勢が一斉に鎚を滑車で上げ下げする）ところから，礎石を据え，表面をノミで削り，上に土台を廻して，柱を建てる……。
　設計をするようになって，自分には職人的な体験が色濃

くあるんだということに気づきました。歴史をやっている時には忘れていた。小学生の時の実家の建て替えの経験が大きかったと思います。実物大の見本を見ていたようなものだ。後年，現場で実際にそうした経験をやって見せると皆驚きましたから。ぼくは建築家がやってみせるのは当たり前かと思っていた。

　赤瀬川さんの家「ニラハウス」(1997年)をつくった時に，驚いたことがありました。崖が崩れやすかったので，庭師がどうしようかという話になった。ぼくは，「柵」をつくればいい」と言いました。柵とは土留めの技術で山ではよくやります。植林する時に土を盛るが，流れないように太めの枝を差し，蔓や小枝をからめる。この世のしがらみとは，このこと（笑）。職人に柵を竹ですぐにつくらせたら，もちろん，上手くいった。

　職人は，「何でこんなことを知ってるんだ？」とびっくりしていましたが，村では皆やっていたからね。自分はそういうことを自然に身に付けているんだと思いました。手で全部するしかなかった時代の技術が，身体化している。気づいたのは設計するようになってからですが。

GA　それまでは眠っていたわけですね。

藤森　意識していませんでした。設計するようになって，現場に行ったり，職人と交流するようになって，気づかされたのです。自分は特別な経験をしてきたんだと。図画工作で，大工仕事の真似ごとをやるじゃない？　そういうことをちゃんとぼくは身に付けていたんです。プロではないけど（笑）。

□ 中学・高校時代——建築へ

GA 中学校，高校時代，学業はどうでしたか？ ご自宅の近くに通われていたのですよね。
藤森 高校は上諏訪でした。ぼくの先輩になるはずの伊東豊雄さんは神童だったから，東京に行ってしまった（笑）。
　勉強は一応できました。できたけど，授業は嫌だった。今でもそうだけど，机の前に座って，人の話を聞くのが嫌い。本当に堪え難い。東大時代も教授会や会議には，できるだけ出ないようにしていた（笑）。
GA 本気で寝ていたと聞いたことがあります（笑）。
藤森 マズかったなと思うのは，大学院の面接のときに退屈だから寝てて，隣の安藤忠雄さんに「寝ていいの？」と言われたことがある（笑）。絶対に出ないといけない会議には出ていました。
　小学校低学年の頃，退屈だから後ろを向いたりごそごそしていると，鉛筆や消しゴムがどっかに行ってしまう。それを知ったお袋がぼくの筆記用具にひもをつけて，ボタンに結んでいました。嫌だけど，勉強もさせられていました。
GA お母さんは何をされていたのですか？
藤森 先にも触れましたが，上諏訪の棟梁の娘でした。母の父は地元では有名で，文化的な人でもあった。東京にも家を持っていて，お袋とお袋の姉は女学校を出ると，上京して文化服装学院に入った。花嫁修業です。戻ってきて嫁に行く。
　お袋は子供の頃に大工に囲まれて育ったから，何となく大工の感覚があります。「ニラハウス」（1997年）のテーブルを茅野の実家でつくっていたら，お袋が「こうやった方がいいんじゃないの？」と指示をした。確かにその通りなんです。それを見ていた赤瀬川さんは，おばあさんがそんなことを言うもんだから，びっくりしていた（笑）。
GA 勉強させられたというのは主に，教師だったお父さんが教育的だったのですか？

□中学・高校時代──建築へ

藤森　やっぱり，お袋です。ぼくは勉強が嫌だから，どうして勉強しなくてはならないのか訊いたことがあるんです。「この家はそういう家だから，しなさい」と言われて，妙に納得しました。

GA　つまり，学校の先生になるべくしてなったというところがあるのですか？

藤森　それは，あるかもしれないね。ぼくの周りにいたのは，先生と大工と農夫だったから。それ以外は大学に入るまで見てなかった。

GA　学校では，勉強がよくできる方でしたか？

藤森　できるほうでしたね。というよりも，田舎は皆勉強なんてしない（笑）。今でもよく覚えているのは，父兄参観。父兄参観日に来るのは，全学校でも，うちのお袋と，本家筋にあたるトクチャンのお母さんだけ。和服の二人が坂道を上がってくるのを見るたびに，「ああ，嫌だなあ」と思いました。恥ずかしかった。勉強ができたといっても，伊東さんとは違って，他の人があまりにもできなかったからだと思う。伊東さんは町の人ですからね。

GA　御本人が「神童でした」と言っていましたから（笑）。

藤森　同じ地方でも町と農村は全く違いますよ。町は商売をやっているかサラリーマンの家庭が多いから，教育が必要です。ぼくの村は，農業の他に大工さんが多く，友達も職人になる人が多かった。中学校から高校に進学したのは，1クラス男4人，女4人ぐらいでした。小・中学校は1学年120人程だったが，大学まで進んだのは10人くらい。

GA　小学校は駆けずり廻って遊ぶのが大好きだったようですが，中学校，高校と進むに連れて，外の文化に興味を持ち始めるわけですよね。何に興味がありましたか？

藤森　何となく，文化系のことも好きでした。お袋の実家は，絵を描いたり，歌を詠んだりしてました。地方の有力な棟梁でしたから。叔父さんの一人は東大を出て，ひとり

は東大生産研究所の教授になっていた。そういう人たちがよく来ていたから，文化的な環境もありました。

姉が絵が好きで画集等を持っていたから，芸術にも親しみがありました。

GA 御兄弟は何人ですか？

藤森 姉がひとりです。地元に嫁いでいます。姉は浮世絵，広重の絵なども見ていた。

印象に残っている絵が二枚あって，一枚は学校の図画の教科書で見たんだと思いますが，キリコの「通りの神秘と憂愁」。女の子が輪を回していて，影が落ちている。名作です。キリコの絵は世界中を見歩いているんだけど，これだけは見たことがない。戦前はフィリップ・ジョンソンが持っていた。その後，ニューヨークで個人所有になって，戦後，1950年代に一度ニューヨークで展示されて以来，どこにも展示されていない。絵の内容に感動して覚えているのか，輪回しをヨーロッパでもやっているんだと思ったのか。輪回しは男の子の遊びだったんだけど，女の子もやるんだと思って覚えていたのか。そこは自分でも判らない。

中学時代

もう一つは，エルンストの「森」。これは，姉の画集で見ました。シュールレアリスムの作家ですね。後に実物をベルリンのミースの「新ナショナル・ギャラリー」で見ました。建物を見に行った時に，たまたま大回顧展をやっていた。そこで初めて見て，これのどこに感動したんだろう，とがっかりした。別に惹かれるような絵には見えませんでした。シュールレアリスムは好きでした。

　今でも絵を見るのはとても好きだけど，もう歳だから，見る作家を決めて，その人のものだけ見るようにしています。

GA　建築に意識が向くのは，いつ頃からですか？

藤森　高校時代。それまでは，動物園の園長か新聞記者になりたいと思っていた。隣の家に地方紙の記者が人がいた。彼が田舎の出来事を取材している時に，紙にメモしている姿などを見て，かっこいいなあと。ただ，進路を選択しなくてはいけない時に，文化と技術の中間は建築だと思ったことを明解に覚えています。子供の頃の大工の体験などは特別意識しなかった。

GA　しかし，建築という職業を知っているのは，かなり特殊な人ですよね。

藤森　母方の叔父さんに影響を受けたんじゃないかな。彼は母の実家の棟梁を継ぐべき人で，若い頃，川喜田煉七郎の結成した「AS会」に入っていた。それは，歴史の研究者になってから知りました。当時の雑誌を見ていたら，川喜田煉七郎とAS会の発表が出ていて，分離派みたいな作品が載っていて，宮坂栄二という叔父の名前を見て驚きました。

　本人に，「AS会」とはどういう意味かと聞いたら，「明日の会」で，当時の蔵前高等工業学校（現・東工大）で，「明日はちゃんとした建築家になろう」と話していたそうです。ちょっと左翼がかっていた。始めてしばらくしたところで，先生に言われて辞めたらしい。それから大林組に勤めて，

高校時代

長野県庁で土木課にいた。結局，家業を継ぎませんでした。

その息子，ぼくにとっては従兄にあたる人が，先に話したが，早稲田の建築に入ってうちの基本設計をした。だから，大工や建築家は近い存在でした。

高校時代は本当に楽しかった。地元の進学校だったので，したい放題でした。旧制高校のなごりもあって，物凄く自由な校風だった。どのくらい自由かというと，ホームルームは一応あったが，席に着きたくない人は，ストーブにあたったりしていても怒られない。先生たちも気骨のある人が多かった。

ぼくたちは，校長先生の糾弾とか，元気にやっていました。地元紙に校長の発言として「これからの高校教育は受験が第一だ」みたいな記事が載って，腹が立った。

これは，正さなくてはダメだと思って，学友会（学生自治会）の新聞で校長を糾弾する特集を出しました。そうしたら，顧問の先生に呼ばれて，「君たちは，ちゃんと校長先生に取材したのか」と訊かれた。「していない」と言ったら，「お前たちは新聞を出しているのに，当事者に取材もしない

のか」と怒られた。

　良い環境だなと思ったのは，そうやって校長を糾弾すること自体がダメだとは，どの先生にも言われなかった。ぼくは自治会の会長だったから，代表して校長に交渉に行きました。その時に，テープレコーダで録音していたら，校長が怒って，「自分で言ったことを後で撤回したりしない。何で君たちは，信用しないんだ」と。校長自身も生徒が押し掛けて糾弾することに関しては，非難しなかった。

　そんな風にして，高校までは，大人に逆らうということも含めて，元気に明るく育ちました。大学に行ってからは正反対になるのですが。

大学時代——歴史へ

藤森 大学の建築科へ入ってみたら，現代建築はとんでもないものでした（笑）。設計・施工が分離していた。ぼくの頭のなかには，大工的なことしかなかったから。

GA 藤森さんの常識は，世間の常識ではなかった。東北大学を選ばれたのは，どうしてですか？ 茅野から遠いし。

藤森 東北大学は，ぼくの行っていた高校からの進学が多かったんです。だから遠いという感じはしませんでした。同学年で6人進学した。建築をやろうとは思っていた。考えてみると，それは田舎では一般的ではないかもしれない。

GA 都会でも同じだと思います。親戚に建築の人がいたりすることが多い。藤森さんもそうだったわけですが。

藤森 大学に入って，ぼくは初めて世間と接するのです。挫折する同級生たちも多かった。世間は高校までとは違う。

GA 茅野を離れたことが大きかったですか？

藤森 そうですね。村でずっと育って，世間は同じ原理でできていると疑ってもみなかった。子供だし，高校も地域では進学校だったし，許されることも多かった。でも，社会に出ると，違うレベルで問題が起こるということが判った。

　高校までは楽しいことばかりで，小・中学校の頃のことは，新聞等にも書いたし本にもなっています（『タンポポの綿毛』，朝日新聞出版，2000年）。高校も楽しかったけれど，あまり書いていないのは，今にして思えば，大人たちの手の上で騒いでいただけだから。仏さんの手の上の孫悟空。大学に入るともっと，思い出したくないことばかりで……。

GA それをぜひ，教えていただきたい（笑）。

藤森 それは，生涯語りません（笑）。自分でも，大学時代の6年間のことをどう表現したらいいのか判らない。つらかった。あの時期のことを，どうしてああなったんだろうと，今も考え続けている。

　大学に入ると，学校に行かなくなって，下宿に隠って，

付き合うのはもっぱら文学部の連中だった。

　子供の頃に外で大らかに遊んでいた生活とは，全く正反対の生活が始まりました。挫折の理由のひとつは，学生運動です。ぼくの友達で学生運動に一番のめり込んだ人間は，ずっと行方不明でした。50歳くらいでひょっこり現れます。行方不明だった時のことは，一切話さないし，訊けない。地下組織のメンバーだったと思います。

　ぼくらの世代は大学紛争よりは前です。高校時代の騒ぎは，コップの中の嵐みたいなものだった。校長が変なことを言うから反抗しようというレベルだった。反抗することが楽しかったのですが，ぼくらの3年くらい後になると，高校の運動も大分違っていた。東京から先鋭的な連中が来て，講演会をしたりしていました。後輩たちは校庭で教科書を焼いて退学になったり，高校というシステムを壊すような動きになる。

　大学に行くと政治運動のレベルは全く違っていました。バックに政党やちゃんとした組織がある。共産党系と，そこから分離した革マルとか中核とか。大学生レベルではない政治バックがあった。びっくりしました。ぼくは高校の頃の延長だと思っていたわけです。しかし大学の学生運動は，敵がいて，敵を殲滅させることが目的。本当の政治的な運動について知るのです。それで挫折した同世代は多かったと思う。

GA　藤森さんがその運動をされていたということですか？
藤森　入る手前でした。入ってはいなかったけれど，運動の様子は目の当たりにしました。高校時代は運動の指導者だったから，アジなんて上手かった（笑）。アジをしていると，皆の気持ちがぐっと動くのが判る。結構，快感でした。

　そういう世界でないことは，すぐ判った。上部の組織から指令が来て，その指示で動いているという感覚はすごく嫌だった。どこのセクトも同じでした。

ぼくは，高校時代まで，正義について語っていたんです。その時代の正義は「アメリカ反対」（笑）。戦後の気風があったんだね。ヒューマニズム的な正義を考えていました。

　ヒューマニズムと，マルクス主義的正義が違うことはすぐに判りました。正義を言うことに自分が相応しいかどうか，大学に行って初めて考えるようになりました。正義を言うには資格と覚悟がいる，と。

GA　腹を決めなくてはならない？
藤森　そう。自分は社会的正義を唱えるに値しないと思いました。わがままだし，そういう人間が正義を唱えてはいけない。そのことが一番ショックでした。

　今も，ぼくは，正義っぽいことは言わないようにしています。「エコロジー」も言わないし。そういう社会的，政治的なことは，今後，絶対に言うまいと思った。

　もう一つ，大学に入って，自分には内側がないと思った。高校までは外側だけが充実していて元気で楽しくやってきたけど，内側がからっぽだと。

　だから，文学に無性に惹かれました。ずーっと読み続けました。

GA　それまでは，読まれなかったのですか？
藤森　文学なんて，女子供のものだと思っていました（笑）。高校時代に文芸部の部長の田口くんという友達がいて，ぼくが「女子供の読むものだ」と言ったら，すごく怒った。じゃあ，どっちが正しいか決着をつけよう，と柔道場で対決した。ぼくは柔道をしていたわけじゃないけど，相手が弱くて勝っちゃった。

　大学に入って，初歩的なものから読むようになった。文学を読んでいると，充実感を得られた。その話を大人になってから丸谷才一さんにしたことがあるんです。「藤森くんはどうして文章を書くようになったの？」と訊かれたので，「大学時代，文学に救われるような気持ちになったからです」

大学時代，高校時代の友達と。
左端が藤森氏

□大学時代——歴史へ

と言ったら，丸谷さんは「自分が一番解らないのはその点だ」と。そういう人を何人か知っているが，なぜ文学に救われるのか。何故なら自分は，小学校の時から小説家になるつもりだった。だから，文学によって救われるなんて状態は考えられない。「物心がついた時から文学と共にあった」と。

ぼくは，人間には内面があって，社会と接する外側と両方がないと，ちゃんと生きられないんだと大学生の時，初めて気づいたと説明したんですが，キョトンとしていました。

大学で，人間の内面の問題に気づいたということは大きかった。あのまま生きていたら，嫌な奴になっていたんじゃないか。政治家になっていたかもしれないね。

GA 文学をどれくらいの間，読みふけっていたのですか？
藤森 4〜5年かな。結局，大学をストレートには出られませんでした。6年かかった。授業には出なかったし。
GA 建築のカリキュラムにも問題があったんですか？
藤森 授業に出ていなかったから，そういうわけではありません。構造力学は必修でしたが出席しなかった。製図の授業は好きだったから，それだけは出席してた。製図の授業が終わって，友達がぞろぞろ教室に入っていくから，ぼくも付いていったら，構造力学の授業が始まって，先生が「お前は初めてだな」と。今後，授業にちゃんと出る気かと訊くから，「出ません」と言うと，「必修だぞ。単位を取らないと卒業できない」。じゃあ，どうすればいいですかと尋ねたら，「この本を読めば単位をあげよう」と。良い先生だった。読んだかどうか先生は確かめなかった（笑）。建築学科は，設計さえ出していればどうにかなる。今は違うと思いますが（笑）。建築を好きであればやっていけると思っていました。

本を読んで，気づいたこともありました。文学部の連中

と自分のレベルが全然違うことが判った。中には自分で小説や詩を書いている友人もいた。ぼくはあくまでも文学の鑑賞者だった。その間，文学を読んでいた。それは今から考えると，歴史家となった時に役に立ちました。

その頃，歌手の小田和正とは結構仲がよかったです。彼も設計が好きだった。小田がぼくのアパートに来たんだけど，部屋には入らなかった。湘南ボーイだからね。

GA 入れないような状態だったんですか（笑）？

藤森 いやいや（笑）。あとで聞いたら，本がズラーっと並んでいてびっくりしたと言っていました。建築学科の学生は本を読まなかった。読まなくても設計はできたからね。

ぼくの文章を褒めてくれる人がいるけれど，「鳥なき里のコウモリ」だと思っています。文章のプロになろうとしている人と付き合ったから，レベルが違うことは判っている。ぼくは飛んでは見せるけど，渡り鳥のように遠くには行けない。ぼくはコウモリだけど，建築界はほとんどネズミみたいなものだから（笑）。

その頃は暗かったです。自分はもっと明るくて健康な人

大学時代，下宿で本に埋もれて

間だという自覚がありましたが，明るく健康な世界は捨ててしまった。その時に重要な決意をした。

　現実についてはいっさい近寄らない。歴史をやろう，と。

　歴史は，死者の世界に入ることだという自覚がはっきりとありました。特に大学院で東大に行く時には，はっきりと意識していた。でも，辛かったです。これで，高校時代までの明るく健康な世界は，自分には訪れない。その決断はさらにぼくをニヒルにした。

GA　若い頃の写真を拝見すると，今のように朗らかではないですよね。

藤森　根は朗らかなんですが。

GA　なんか，悲壮な感じを受けました。怖い顔をしていました。

藤森　家内とはその暗い時代に知り合ったので，嫌な人だなあと思ったみたいです。そう見えただろうなと思います。昼夜逆転してたし。でも，設計は好きだった。

GA　でも，歴史に行くと決めた。それはどの時点ですか？

藤森　大学に入って，本を読んでいる頃ですね。

空飛ぶ泥舟にて，2010年8月

設計は現実，施工も現実。現実を離れたかった。暗い大学時代については，経歴をたどるときに言わざるを得ない。今まで理由については，「設計と施工が分離しているのが嫌だった」と言ってきました。それももちろんありますが，いろんな挫折があった。それで，現実的な建築とは遠く生きよう。歴史という過去の世界で生きよう，と。覚悟を決めたものの辛かったです。

　大学院に入って歴史家たちに接して，びっくりしたのは，太田博太郎さん。スポーツマン。サッカーの選手です。性格も明るくて磊落（らいらく）。しかも，大学に入る前から歴史をやろうと思っていたそうです。それにはさらに驚いた。若い身空で歴史なんて死んだ世界をやろうなんて。ぼくは，現在を諦めた後，唯一の道として歴史に進みました。

　共感したのは，曾禰達蔵。彼は，彰義隊と行動を共にしていた。名簿には載っていないのですが，専門家に聞くと，彰義隊の隊士というのは曖昧で，ちゃんとした組織じゃないから隊士として把握されてない人も行動を共にしていたようです。彼は，彰義隊と一緒に落ち延び，会津で皆が死を覚悟して籠城戦をする時に，自分が小姓を務めた外国奉行の小笠原長行に「お前は生きて国元に帰れ」と言われて脱出する。籠城戦で生き残った仲間も函館の五稜郭で全滅してしまう。

　曾禰さんは，唐津藩の武士である有名な漢詩人の子供として生まれました。息子さんに聞いたのですが，達蔵は維新の後，歴史家になりたかったそうです。だけど，歴史では食えないから，建築だったら実用的かつ文化的だろうと，工部大学校造家学科（現・東京大学建築学科）に入った。

　彰義隊の生き残りのような人は歴史を志すんだと思いました。関東大震災の時に，曾禰さんは自分の設計した建物がどうなったか確認して廻ったらしい。郵船ビルに駆けつけると，ビルは，だんだん崩壊していくところだった。中

□大学時代——歴史へ

は土煙が上がっている郵船ビルに「ここが死にどころです」と言って入って行った。曽禰さんは穏やかな人だけれども，一人生き残って，ずっと死に場所を探していたのかもしれない。曽禰さんが歴史家になりたかったと聞いた時は嬉しかったです。現実に生きた，明治の建築家が歴史を志していた。

　ぼくは，現実に負けないように死んだ世界をやろうと思った。もう死んだものだけど，生き返らせたい。歴史は過去の現実なんです。太田先生の本を読んでも，生き返っているとは思えない。もちろん，きちんと整理されていて見事なものです。だけど，過去が生き返っている感じではない。その感じは，伊藤ていじさんにはありますね。ていじさんの歴史には共感を持ちました。ご本人にはそのことを訊かずじまいに終わってしまったけど，たぶん，不本意で歴史をやっていたところがあったんじゃないかな。死にかけた人だから。胸を病んだ人は歴史しかないです（笑）。

□ 近代への志向と建築探偵のこと

藤森 ぼくが建築史を始めた時，日本近代建築の研究はジョサイヤ・コンドル以前が原則でした。コンドル以降は作品集もあるし，まだ生きている人もいるから歴史だとは見なされていなかった。

例えば，コンドル以前に来日していたトーマス・ウォートルスについては，銀座煉瓦街などをつくったくらいは知られていたけれど，基本的に名前だけが伝わっていて，何処から来て何処へ去ったのか，判らない。そこを調べることが，一番重要でした。

コンドル以前のお雇い外国人について調べる楽しみは，それ以降の人物を調べるのとは，まったく質が違いますね。「コンドル以前」は，シュリーマンがトロイア発掘の頼りにしていた神話のようなものです。「この神話は本当だったのだろうか？」と探る楽しみは，発見のよろこび。

GA 「探偵」的なアプローチの始まりですね。

藤森 そうです。ウォートルスについても，先人が手を付けていたけれど，来日経緯が判らなかった。しかし，ぼくらの世代がずっと調べ続けて，ついにすべてが判ったわけ。寂しいくらいにね（笑）。

実は以前，「ウォートルス＝コンドル説」を唱えていたんです（笑）。ウォートルスが記録から消える時期と，コンドルが来日するタイミングが，ほぼ一致している。辰野金吾も，そのことに気づいていたようで「コンドル先生，以前はウォートルスと名乗っていたでしょ？」と訊いたとか，冗談を言ってた。

今では，ウォートルスの略歴がほとんど解明されています。アイルランド生まれで，香港から鹿児島に渡ってきた。幕末には，長崎でグラバーの元で働いていて，最後はアメリカのデンバーで亡くなっています。鉱山技師の弟二人と共に来日していた。建築専門というよりは，何でもこなす鉱山技師だった。当時，鉱山を開くには，煉瓦焼きから坑

道掘り，気道の確保，蒸気機関に至るまで，すべての知識が総合的に求められていた。つまり，新開地向きの建設技術が，鉱山開発によって身に付いていたのだと思う。

その程度のことを銀座で実行しているのだと，ある段階で明治政府も気づいたようで，「ウォートルスは，古くさいことをやって」となって，ロンドンからコンドル先生を招聘したのでしょう。

GA 建築探偵を始められたきっかけは何だったのですか？
藤森 ヒマだったんです（笑）。近代建築の研究はしようと決めていた。でも，明治建築の調査は既にされていた。ある日，村松貞次郎先生と，明治以降の建築についても，壊されているから，何処に何があるかチェックした方がいいという話になった。暇だったので，早速翌日から堀勇良くんと街に出て，調査を始めました。そうしたら，面白かった。

地下鉄が乃木坂に通った頃で（1972年，霞ヶ関—代々木公園間開業），当時，東大生産研究所があった乃木坂から，国会議事堂まで行って，飯田橋に向けて歩き始めた。どっかで見

大学院博士課程。左端が藤森氏。右端は村松貞次郎氏，右から2番目が堀勇良氏

たことがあるなと思ったら，堀口捨己さんの「塚本邸」(1932年)だった。堀口さんの作品集を見て知っていたけれど，残っているとは思っていなかった。他にも，これは何だろう？と思うような古い建物にどんどん遭遇するから，面白くて仕方がなかった。ハンティングのような感じ。

GA それまでは室内に隠って勉強していたんですよね？

藤森 そうなんです。もちろん，自分の研究テーマについては見歩いていましたが，それ以外の建築については文献を見て知ってはいても，実際に建物を見てはいなかった。総ざらいで見ることはしていなかったのです。

　コンドル以降のことも知っておきたいと思っていたし，明治だけでなく，大正以降も調べてみたいと考え始めていました。当時，基本的な情報がきちんと整理されていなかった時代でした。古い雑誌を見ても，特に個人住宅は「〜市」くらいまでしか，所在地が書かれていないからね。ちょっと手を付けてみると，もの凄く面白かった（笑）。

　もう一つの興味は，堀口捨己たち日本の現代建築の基礎を築いた人の仕事について。少し前までお元気だったので，何処に何があるかということは，調べられていなかった。当時，堀口さんが設計された個人住宅もかなり残っていたし，前川國男設計の「岸記念体育館」(1941年)も残っていた。それらを実際に見ると，だんだん面白くなってくる。もちろん，見た建物について考えるし，調べたりもする。各資料についても，膨大に読み込んでいました。

　あらゆる文献をすべて読み，あらゆる作品を観て，建築家ご本人だけでなく，遺族の方々にも実際にお会いして話を聞く。そんな「建築探偵」みたいなことを，この時期から始めるんです。

GA 建築探偵を言い始めたのはいつ頃ですか？

藤森 長谷川堯さんが，『スペースモデュレーター』誌の編集顧問をされていて，村松先生と仲が良かったので，「君た

建築探偵団

□近代への志向と建築探偵のこと

ちが建築を探し歩いていることについて書いて下さい」と依頼された。それで「建築探偵」というタイトルで書いた。1976年，30歳の時です。

　季刊『銀花』の編集者が『スペースモデュレーター』を見て，訪ねてきました。今にして思うと，建築探偵に初めて目を付けたのは，建築ジャーナリズムじゃなかった。

　『銀花』には，「今和次郎が設計した住宅を見つけた！」という記事を書かせてもらいました。それまで，今和次郎は設計をあまりしていないというのが通説だったのですが，偶然，発見できたことを報告させてもらった。

　記憶だと，もう一つ，目をつけてくれた人がいたんだよな……。

GA　思い出せますか？

藤森　確か，『流行通信』の編集者，平野民子さん。畑違いの人たちにとって何が面白いんだろう？と訝しんでいたわけ（笑）。

　建築探偵を一緒にやってくれた，堀くんの存在は大きかったです。一人でやり遂げるのは，難しかった。話し相手

建築探偵団が見つけた中央区の看板建築

がいないからね。

　当時は堀くんと二人で盛り上がっていました。まず，建物を見た時に，いつ頃竣工したのかを当てっこする。その後，誰が設計したのかも推測する。最後の方は，竣工年を前後3年外れることは無かったね。日本の近代建築は，ヨーロッパの流行を追っかけていたせいもあって，ともかく変化が早いのです。10年も経つと，先端は変わってくる。少し遅れて，地方にも波及してくることを見極めれば，大きな間違いはありません。

　設計者当てに関しては，堀くんに歩があった。「渡辺仁じゃないですか？」と彼が言っていた建築について，後から施主に聞き取りしてみると「渡辺さんという人でした」と証言してくれたり……。そうやって，二人で盛り上がっていく（笑）。経験から言うと，三人いれば，何でも，大丈夫（笑）。

　建築探偵をしている最中は，楽しさの方が先行していたので，後の近代建築史研究に影響を与えるとは思いもしませんでした。もちろん，「建築探偵」という世間向けの名前を使う時も，やっていること自体はアカデミックだが，一般の人たちにも分かり易い，面白い名称で発表しようという判断は働いていました。

GA　もう少し遡っていただくと，東京に出てこられたのは，どういうきっかけだったのですか？

藤森　近代建築史をやろうと思ったから。村松先生が東大におられたし，当時の東北大の建築史は江戸時代が中心でした。

　高校時代の先生は，人格的にも優れていて素晴らしい人たちでした。でも，大学に入ってみると，先生と呼ばれている人たちは，あくまでも専門家という感じが強かった。多くの人は，人間的に優れているわけでもなく，ただ専門分野に秀でているだけ。それは，ちょっと残念だった。ち

ゃんと近代建築史をやるのであれば，村松先生の研究室に行くべきだと思ったわけです。

GA そもそも，どうして近代建築史を志したのですか？

藤森 当時は，江戸までは文献を読んだり大変だし，西洋館は何か面白そうだ，くらいに思っていた。今にして思うと，田舎で育ったゆえの都会的なもの，欧米的なものへの憧れです。学部の卒業論文「山添喜三郎伝」(1969年) で，近代の建設技術者について書きました。その際に，村松先生の著書を読んでいたので，東大に近代建築をやっている先生がいることは知っていました。

受験前に，村松先生に会うために研究室へ伺うくらい，日本の近代を研究する意欲はありました。でも実際，村松研に入ってみると学生は誰も居ないし，あれこれ暗い部屋だったな（笑）。

GA それはどういうことでしょう？

藤森 村松先生には何ですけれど……，建築界での評判は，必ずしも芳しくなかったんです。

最近亡くなられた伊藤ていじさんが，建築史研究室を継

大学院修士1年。卒論で取り上げた山添喜三郎の生地を訪問

ぐだろうことを，多くの人が予想していました。だけど，実際には生研は村松先生が，本郷は稲垣栄三先生が継承された。関野克先生と太田博太郎先生の正しい判断だった。当時の歴史研は，生研も本郷も，誰も行きたがらない研究室でした。ぼくたちの上には，1学年に一人ずつ先輩がいるくらい。すぐ上に鈴木博之さん。村松研は，実はぼくが最初の大学院生。それまで誰もいない。

そんな状態だったので，現在のように近代建築史の研究者が増えるとは思いもしませんでした。

GA 藤森さんが研究者を増やしたのでしょう？

藤森 ぼくは，その自覚はない。学会が苦手だからね。

GA 何故ですか？

藤森 根がアカデミックじゃない。特に最近は，なるべく行かないようにしている。始めた頃はそんなつもりはなかったけど，結果的に，ぼくのやったことが近代建築史研究にとって大きな働きをしたようです。今秋には，『日本近代建築総覧』を刊行して，30周年記念のシンポジウムを若い世代が開いてくれるそうですが，気後れする（笑）。

「藤森のせいで，伝統の日本建築史をやる人がいなくなった」と，冗談めかして言われたりする。日本近代を研究する人が増えたことは間違いないが，それは，ぼくのせい以上に，時代の流れのせいですよ。

筑摩書房の松田哲夫さんに頼まれて『建築探偵の冒険・東京篇』(筑摩書房，1986年)を書き，この本から普通の人々の間で近代建築がブレイクしたと言われています。

まだ路上観察学会を始める前でしたが，松田さんから連絡がありました。彼が赤瀬川原平さんたちと一緒に活動していることは知っていた。後で聞くと，赤瀬川さんが前衛芸術をしていた頃からの古い付き合いだそうです。松田さんが大学新聞をやっていた頃に，記事を取りに行った縁らしい。

その松田さんが余りにも熱心だったので,「建築探偵」関連の文章リストを渡した。そうしたら後日,リストを元に本の見本をつくってきた。すでに,頁割りもできていて,「この項目は,ちょっと足りない」なんて赤字が書かれている。それを見て,ここまでやってくれるのであれば,ちゃんと対応しようと思って,ひと夏かけて書き下ろしを加えることにしました。松田さんが居なかったら『建築探偵の冒険』は実現しなかった。

　最初は歴史の研究者。それから,「建築探偵」をやって,そこから「路上観察」へとつながるという流れです。

GA　そして,設計を始められて「縄文建築団」へとつながるわけですね。

藤森　思わぬ展開をし続けています（笑）。

□ 路上観察学会とその仲間たち

GA 路上観察学会は,どのようにして始まったのですか?
藤森 もちろん,赤瀬川原平さんの存在は,有名なアバンギャルド芸術家として知ってました。赤瀬川さんがトマソンを始めたことも知ってた。後で聞いたら,赤瀬川さんも建築探偵については,知ってた。

建築探偵をやっている時に,マンホールの蓋については,探偵を一緒に始めた堀勇良さんが注目していた。二人で函館に古い建物を調べに行った時,マンホールの蓋を調べたいと言い出した。「マンホールの蓋は時代によってデザインが違っていて,古いデザインを追っていくと,古い下水道について判る」と。下水道局に行っても,どこが古いか書いている資料がない。下水道局には,古い資料は必要ないからね。マンホールはあっても使われていない下水道もある。確かにマンホールを追っていくと下水道の年代が判る。それで堀くんが調べていた。

その堀くんのところに,マンホールの蓋について相談しに来た人がいた。それが林丈二さん。林さんにとって堀さんは,「初めてマンホールの蓋について話を聞いてくれそうな人」だった(笑)。

建築探偵を始めてからは,結構ヘンな人たちが連絡をくれるんです。お墓の写真を撮ってる人だとか。できるだけ会わないようにしていた。それまでは,都市についてのオタクって表には出て来なかった。建築探偵の看板を掲げたとたん,俺も,俺もと。まともなヘンな人としては,建築破片の収集家一木努さんが初期の頃から仲間になっていました。

林さんもそういう素人のヘンな人かなと思って会わないようにしていたけど,突然,来てしまった。日本中のマンホールの蓋の写真集を持っていて,書評を書いてほしいと言われたのだけど,「ぼくは真っ当な学者を目指しているので」とお断りしたんです。アカデミーとしては,路上観察

を本業とするのはマズいと思った（笑）。

その本には，「マンホールのふた（日本篇）」と書いてあったから，「この後どうするんですか？」とちょっと不安になって訊いたら，世界篇もぜひやりたいと。あぶない（笑）。

でも，話していると，真っ当だし，人柄もいい。職業は「サンリオのデザインをやっている」と。キャラクターグッズをつくっていて，空いた時間にマンホールの蓋の写真を収集しているらしい。それで，誰かに紹介してあげようと思った。「私はできないけれども，赤瀬川原平さんという人ならきっと興味を持ってやってくれると思う」と推薦した。

GA 赤瀬川さんとは，すでにお知り合いだったのですか？

藤森 知り合いではなかったけど，松田哲夫さんを通してあれこれ知ってました。それが縁で，新潮社の編集者と一緒に林さんの家に行くことになった。そこで初めて赤瀬川さんと会う。松田さんもいた。

林さんはマンホールだけの人かと思ってたら，滅茶苦茶面白い人だった。試しに，「針金の結び目に興味がないの？」と訊いてみたら，「それはイギリスにやっている人がいるからやらない」と。バス停で待っている時は，ナンバープレートの九九をやっているらしい。四桁で九九が成立しているプレートの写真をずっと撮っています。

GA すごいオタクぶりですね（笑）。

藤森 まだ，全部集められていないんだと言ってました（笑）。林邸で夜遅くまで話し込んで，帰りの最終電車の中で，困った。ものすごく感動したけど，この感動をみんなが共有しているかどうかは判らない。あぶない感動だったから（笑）。皆黙っていたけど，誰かが，「すごいっ」と口火を切ったら，一気に皆で「すごかった！」と盛り上がった（笑）。

私は決意しました。建築探偵にしても，アカデミーの立場からは学者らしくないと思われている。それはしょうが

ない。その上，訳の分からない仲間と観察を始めると，何を言われるか分からない。でも，この仲間と，路上観察をやろうと思った。林さんを見て，路上観察にしか興味がない人がいることに感動したのです。

彼がそれ以外のことにどれくらい興味がないかというと，ぼくらと付き合って初めてお寿司を食べたらしい。由緒ある医者の息子で，子供の頃から女中さんが付いていたから，一切嫌なことはしない。子供の食べ物しか食べない。牛乳とかパンとかお菓子だけで暮らしている。サンリオを辞めたのも，彼が入った時は，草創期で社員が3〜4人だったらしいが，どんどん会社が成長していった。彼はスヌーピーのデザインをアレンジする権限を日本で唯一持っていま

「路上観察学会」発会式，1986年

した。お正月には羽子板を持たせたりするからね。ぼくが付き合い始めた時は，サンリオを辞めるくらいの時期で，後で訊いたら，「部下ができた。部下の査定なんて自分では絶対にできない」から辞めたらしい。彼を見て，路上観察は人間にとって，本質的な性向にちがいない。それなら，やってみようと決意した。「路上観察学会」を結成する。

　路上観察学会を始めた時は，もちろん設計はしていません。始めたばかりの頃に林さんが，「この活動に一番最初に飽きるのは藤森さんだろうな」と言っていた。自分でもそうじゃないかなと思っていた。赤瀬川さんは根っから好きだし。その時に，林さんが「続ける人も辞める人もいるだろうけれど，それぞれの仕事に路上観察が生かされるといいね」と言った。その後，設計を始めることになるとは想定していなかったので，「ヘンなことを言うなあ」と思った。

　それから2〜3年して，設計を始めることになりました。路上観察が設計に関係があるかと言われると，あるような気もするけど……，判らないです。ただ，客観的な事実として助かったのは，初期の仕事は路上観察の関係で発注されました。自分の家をつくった後，赤瀬川さんから依頼を受けて，その後，赤瀬川人脈で秋野不矩さんの仕事をする。

　赤瀬川邸（「ニラハウス」(1997年)）を高橋靗一さんが見てくれて，「熊本県立農業大学校学生寮」(2000年)の設計者に推してくれた。細川護熙さんの仕事も赤瀬川さんを通して話が来た。路上観察の人たちが仕事の縁になってくれた。

　縄文建築団は，赤瀬川さんの家をつくる過程で，生まれたものです。後で触れますが，ぼくは，その時初めて普通の人が建築工事が好きだということを知る。

　ぼく自身，路上観察は，設計とはリンクしないだろうと考えていた。だけど，アトリエ・ワンの仕事を見て，あれは路上観察だと思った。貝島桃代さんに聞いたら，路上観察には影響されたと言ってました。塚本由晴さんが世界で

興味のあるシーンを撮影した写真を見せてもらったら，路上観察そのものだった。

　アトリエ・ワンは偶然起きてしまったことを利用する。非計画に起きてしまう建築ヴォキャブラリーを自身のデザインに上手く利用する。そのような設計手法を用いているのは，世界でも彼らだけです。建築家は基本的には，自分の中に原理を見つけて表現していくからね。非計画的魅力は，路上観察でも求めていたものです。その最初は今和次郎の民家研究です。建築界には，今和次郎，路上観察，アトリエ・ワンという流れがある。

　アトリエ・ワンの活動を見て，嬉しかった。路上観察的な偶然やバラバラでヘンなものは建築と一切関係ないと思っていたから。ぼくは路上観察を直接建築設計と結びつけなかった。

　藤森建築と路上観察の接点は分からないけど，メンバーがぼくの建物を好むということは確かだね。工事も好きで参加してくれる。

GA　その活動が建築に寄与していると思うのは，あるレベルの人がチームになっていること。それが藤森建築の力になっているのではないでしょうか。

藤森　確かに他分野の人とチームを組んで，あれこれしている建築家はいない。磯崎さんは若い頃，前衛芸術の人たちと一緒にいたけれど。赤瀬川さんに聞くと，悪いことして捕まったら，磯崎さんのツテで警察に情状酌量してもらえたらしい。岸田日出刀さんにお願いしていた（笑）。同等のメンバーという感じはなかったようです。

GA　屋根の上で裸踊りをしていたり。

藤森　芸術界における赤瀬川さんの地位は高い。猥せつ罪以外で裁判までやった芸術家は，赤瀬川さんくらいじゃないかな。美術の世界の人がぼくと付き合ってくれる理由の一つとして，赤瀬川さんの存在はあると思う。

□路上観察学会とその仲間たち

路上観察学会,「空飛ぶ泥舟」の様子を観察中,2010年7月23日
右から,林丈二,赤瀬川原平,南伸坊,松田哲夫,藤森照信

GA 対一般社会に対しても同じかもしれませんね。あまりポピュラーではない,いち歴史学者という立場でしかなかったのが,赤瀬川さんと同格の文化人として見られるわけですから。

藤森 同格というか,親しい文化人ね。

GA おばさんが藤森さんに群がるというのは,そこから来ているのかもしれません(笑)。

藤森 具体的に助かる部分はあります。展覧会をする時に,路上観察の人と一緒にイベントをしてほしいという依頼もあります。

GA すでにパッケージになっている?

藤森 そうです(笑)。「ヴェネツィア・ビエンナーレ」(2006年)の時は,ぼくから,路上観察の人たちと一緒にやりたいとお願いしました。国際交流基金も,大歓迎だった。社会的に,特にジャーナリズムに対して,知名度をもたらしてくれました。ぼくの本が一般的に売れるようになった

のは，先にも触れた，松田さんが産婆役の『建築探偵の冒険』でした。

　彼らと付き合うことで一番得をしたのは，ぼくかもしれません。意外と他分野の文化人と平らに付き合っている建築家っていないです。

GA　路上観察のお仲間はイデオロギー的なものをシェアしているのですか？　しないようにしている？

藤森　まったく共有していないです。

GA　学生運動への思いがあって，イデオロギーには絶対に触ってはいけないという意志があるのかなと。

藤森　全くその通りです。松田さんは捕まってブタ箱に入っていたし，赤瀬川さんも目をつけられていたし。

　でも，何かの時に，お酒を飲んでいて，大学紛争時代に赤瀬川さんが一番過激なマンガを書いていたという話が出て，「当時，赤瀬川さんの文章に煽動されて，ガンガンやった人たちは，その後どうなったんでしょうね？」と話したら，珍しく赤瀬川さんが「そんなもの，本人の責任だ！」と怒り出した。自分はやりたいことをやっているだけで，社会への影響は関係ないと。赤瀬川さん自身は政治的イデオロギーはゼロに近い人です。視覚的に面白くて新鮮なことが好きというだけ。デモ隊と機動隊をマンガの中に描いたりしていたけど，その時期はそれが面白いと思っていたようです。南伸坊さんも同じで，面白いことが好きなだけ。

　共通しているのは，官僚的なことは大嫌いということかな。知り合ったのは40歳前後で，それから20年以上の付き合いです。幸せだったのは，40を過ぎて，仕事上の付き合いはあっても，他の分野の人とフラットに友達になるのは難しい。

GA　「泥舟」を吊り上げる時に，路上観察の方々がおられて，話を聞いてみると，「藤森さんは知り合った頃は一番大人びた感じだったのに，今は一番子供のようだ」と仰って

いました。
藤森 大人びていたとすれば，東大の先生だったし，会議出るのは嫌いだったけど，最低限の社会性はあった（笑）。どんどん，子供っぽくなっていくか……。確かに。

　最終講義の時も話したが，ぼくがいつも何かやる時には仲間がいる。辛い大学時代にも文学部の友達がいたし，建築探偵の時も堀勇良くんがいた。路上観察も。恵まれていた。

□ 現代建築評論に対する姿勢

GA 建築探偵や路上観察をされていた頃,現代建築に対して興味はありましたか?

藤森 意外かもしれませんが,歴史をやっている時は,建築家とは付き合わなかった。評論も意識的にやらなかった。現実の世界には立ち入らないと決めていました。同時代の評論家としては,まず長谷川堯さん,続いて鈴木博之さん,さらに松葉一清さんと出てきますが,3人とも歴史研究がらみで仲良くしてもらっていた。でも,自分が評論する気は全くなかった。ジャーナリズムに関しては,村松貞次郎先生のところに来る歴史関係の企画には参加していました。だから,建築雑誌の編集者とも顔見知りではあったけど……。

石山修武:開拓者の家

GA 現代建築に対して発言するようになったのは?

藤森 ぼくの決心が狂ったきっかけは,石山修武さんの「開拓者の家」(1986年)。『住宅特集』で取り上げてはどうかと,編集長だった石堂威さんに言われた。もちろん,石山さんのことは,「幻庵」(1975年)の時から知っていた。「設計をしていれば,こんな人と戦わなくてはならない。歴史を

石山修武:幻庵

□ 設計のはじまりの頃——神長官守矢史料館

藤森 1989年頃，NHKの番組で歴史の話をした時，その後，岡山県の西粟倉村の村長が突然会いに来て，「先生の話が面白かったから，村の小学校をつくってください」と。一応，設計図を描きました。当時，内田祥士くんが大学院の学生だったからパースを描いてもらって，二人で持って行きました。その後，何の話もなかったから，ボツになったのかと思ったら，そのまま建てられたという噂もある。建てられてないことを祈っていますけれど（笑）。

GA 調べないといけませんね（笑）。

藤森 歴史主義的なデザインでした。ファサードはコンクリートに木造の屋根を架けて，ハーフティンバー。チューダー風の要素もあった。幸い，ぼくも内田くんも控えを取っておかなかった。控えがあったら，こういう時に見せなくてはいけない（笑）。

　明らかにその頃には，設計への関心が生まれていた。少し遅れて「神長官守矢史料館」(1991年) の依頼がありました。ぼくの記憶では設計を頼まれたんですが，御当主の守矢早苗さんの記憶では，「相談しただけ」だそうです（笑）。

GA 建築家を紹介してほしいという様子だったのですか？

藤森 紹介というより，どういうふうに計画を進めるか相談に乗ってほしかった。市役所の課長さんが，相談に来たのです。

　ぼくはまず，伊東豊雄さんを思い浮かべた。伊東さんのお祖父さんは下諏訪の有名な町長でした。ぼくは諏訪大社の上社で，伊東さんは下社。有力な氏子です。その関係で伊東さんは「下諏訪町立諏訪湖博物館・赤彦記念館」(1993年) をつくる。コンペの体裁を取ったが，地元が伊東さんを支持したことは容易に想像がつく。当時，まだ「赤彦記念館」はできる前だったが，地元の人としての伊東さんはいいかなと思いました。しかし，伊東さんの作風は守矢家の信仰と違いすぎる。守矢家は，縄文時代からの信仰を伝えてい

なかった。今は，歴史を考えることも身に付いて，「歴史が好き」と心から言えるようになりましたけど（笑）。

　歴史に関しては，大学院に入った時，日本近代建築の通史を書くと決めていました。ある時，岩波から，「一般の人のための建築の見方を書いてほしい」と依頼されました。通史でもいいと言ってくれたので出版したのが，『日本の近代建築』(上下巻，1993年，岩波新書刊)です。

　大学院で2年くらい講義をして頭を整理しながら，6年かけて書き上げました。通史の目処が立った安心感もあったのか，その頃から現代建築の評論をするようになった。自分で禁じていた，現実的なことに参加しないという禁を破ることになった。人知れず，歴史の世界でやって行こうと考えた大学時代からの決意が破れてしまった……。

　現代建築評論はともかく，路上観察学会については，「アカデミーから忌避されるかもしれない」という危惧がありました。結果として，大丈夫だったのは，アカデミーにはもうそんな力はなかった。色々言われると思ったけど，意外に何も言われなかった。影口は言われていたかもしれないなあ（笑）。

GA　その後，設計まで手を延ばされるわけですよね。
藤森　そうだね……。設計という活動は，研究や著作と違って，やりながら人に言われて気づかされることが多いですね。今考えると，様々な出会いがあって，新しい世界に足を踏み入れることができた。ジャーナリストの誘いは大きかった。そんな出会いがなければ，シコシコと研究活動だけに勤しんでいたはずです（笑）。

その後，伊東さんの意図が判るのに2年かかりました。「レストラン・ノマド」(1986年)を見て，「消費の海に浸らずして新しい建築はない」(『新建築』1989年11月号)の文章を読んでやっと理解できたんです。「シルバーハット」はその原型だったんだと。

GA　自分は歴史家で，現代史を見ているというスタンスですか？

藤森　当時は全然，現代史という意識はなくて，なんとなく誘われて見ているだけ。自分の本業とは全く関係ないと思っていた。いつも，「自分がどうしてここにいるんだろう？」という違和感はあった。

　同世代のオールスターと初めて会ったのは，石山さんが「伊豆の長八美術館」(1984年)で吉田五十八賞をもらった時のパーティだった。石山さんが賞金で，皆を料亭に招待してくれたんです。歴史関係では，鈴木博之さんがいた。

GA　現代建築の世界は，今までの歴史の世界と全く違うものでした？

藤森　近代史をやっていたから，その延長ではあった。

　ヴァルター・ベンヤミンの言葉に，「知らない街は知っている街のように。知っている街は知らない街のように見る」という一節がある。都市の見方として，知らないものには共感して，知っている街は遠い目で見るということです。

　つまり，現代建築評論をするにあたって，「過去は現代のように，現代は過去のように見る」ことが必要だと思いました。過去は現代のように生き生きと，現代は知らないことのように突き放してみる。

　歴史の研究は，押し花に水をかけて生き返らせるようなことだと思っていた。過去を現実化するため，歴史上の人物や細かい事実をフォーカスする。そうすることで，過去が生き返ってくるような感覚があった。

　ぼくが歴史をやる時の姿勢です。歴史が好きなわけでは

□現代建築評論に対する姿勢

やっていて良かった」と本気で思っていた。

　同世代の建築家と初めて会ったのも，石山さんだったはずです。記事を書く前に，松葉さんの紹介で会っていたんじゃなかったかな。松葉さんは京大の歴史研を出て，朝日新聞で歴史的建造物の保存問題等を取り上げていた。村松先生とも親しかったし，ぼくもよく知っていた。始めて会った時，石山さんが「おまえの『明治の東京計画』は名著だ」と言ったのを覚えています。

　建築家と一緒に現代建築を見たのは，伊東豊雄さんの自邸「シルバーハット」(1984年) が初めてだった。確か，布野修司，石山修武，毛綱毅曠，六角鬼丈といったメンツでした。誘われた時，「なんで自分が呼ばれるんだろう」と怪訝な感じがした。だぶん，石山か布野の差し金だと思う。布野さんは大学院の一つ下で知っていた。

　それ以前に，伊東さんと会ったことはあったけど，実際に作品を見て，人柄を知ったのはその時だった。本気で怒ったら怖い人だということもその時に知った（笑）。あの人は，相手に余地を残さないような怒り方をするからね……。

　「シルバーハット」を見た後，「中野本町の家」(1976年) を案内してくれた。ぼくらが「中野本町」の話でがんがん盛り上がっていると，「おまえたち，なんで呼んだと思っているんだ！　新しい建物について，信頼する友達に見てもらおうと思ったのに！」と怒り出した。正直に言うと，「シルバーハット」は，全然理解できなかった。チャラチャラ，ユラユラとしていて，「変なことをしているなあ……」という印象だった。

　そういう時は，石山さんが何か言ってくれると思ったら，彼もシュンとしている。たぶん，誰も伊東さんの意図を理解できていなかったんだと思う。ぼくらはオベンチャラは言わないのが暗黙の了解。だから，なんと言っていいのか分からなくて，みんな黙っていた。気まずかった（笑）。

伊東豊雄：中野本町の家

伊東豊雄：シルバーハット

□設計のはじまりの頃──神長官守矢史料館

ますからね。他に親しいのは石山修武さんだけど、もっとマズい。ぼくの友達には誰も頼めない。この環境を理解し、守矢家の信仰を理解している人でないとダメ。結局、自分でやろうと思いました。最初から、自分でと思ったわけではありません（笑）。それは間違いない。

「神長官」の設計を始めた時、歴史主義でデザインすれば大丈夫だと思っていました。諏訪には本棟造りという民家の形式があるから、それを現代的にアレンジすればいい。最初の案は、蔵のようなものに屋根が掛かっている、この辺りの農家の形式を取り入れた。はっきり覚えてますが、夜は「これはいける」と盛り上がるが、朝見ると、自己嫌悪に陥る。場合によっては、三日後に自己嫌悪。やってはいけないことをやっている感じ。今にして思うと、歴史に媚びていた。あんなものを建てていたら、今、恥ずかしい思いをしたでしょうね。

歴史主義的なことは金輪際やってはいけない。同時に、同世代の建築家の誰の作風に似てもいけない。すでに、同世代との付き合いがあったからね。「真似しやがって」と笑

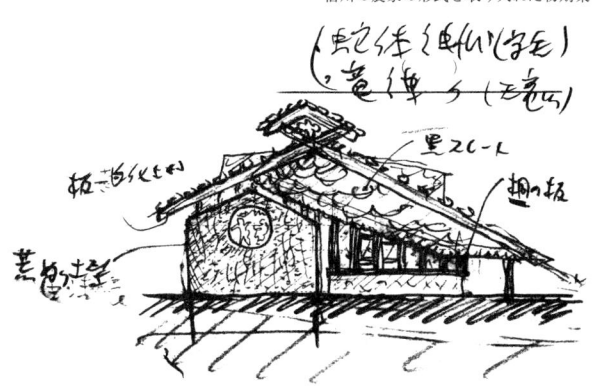

信州の農家の形式を取り入れた初期案

われる。実際そう言われている評論家兼建築家もいました。
　そうは言っても，ガラスや鉄の現代建築は環境に合わない。民家もダメ。危機でした。それに，誰に頼んでも変なものになる。行き詰まった。
　そんな時，神戸に用事で行って，時間が余ったので重村力さんの家に寄った。重村さんとは大学院の１年生の時に知り合い，親しかったから。『吉阪隆正集』(勁草書房) の最新刊が置いてあって，朝まで喋って，本も借りて帰って来た。パラパラとめくっていたら，吉阪さんが，学生時代，満州と蒙古の中間の辺りに民家調査に行った時のことが書いてあった。素晴らしい文章があった。
　泥の塊があって，入口の穴に棒が差し掛けてあり，布が掛かっている。それだけの光景。吉阪さんはそれを見て，心底，心が動いた。わーっと叫んで駆け出して行ったら，周りの人は「ついに吉阪が狂った」と思ったらしい。吉阪さんの文章にはさらに，「孫悟空が飛んでいるのは，こういうところだと思った」と。
　幸い，建物の写真もスケッチも載ってなくて，文章だけだった。後に，スケッチが発見されて展覧会に出展されるが，当時，見なくてよかった。ビジュアルがないから，ぼくの想像力が膨らんだ。自分のやりたいことは，吉阪さんが書いているような光景だと思った。土の塊があって，枝がある。どういうデザインにすればいいか困り果てている時に吉阪さんの文章に出会って，インスピレーションを受けて，スケッチを描いた。
　確か，内田くんと西粟倉村に行った時です。帰りの米子の空港で，「神長官」のスケッチを喫茶店のナプキンに描いた。内田くんがぼくと一緒に設計をする気があることも確かめた。彼は藤森研究室の大学院生だったが，増沢洵事務所に５年勤めて，建築家としてのキャリアがあった。スケッチして，見せたら興味を示した。内田くんと一緒なら設

□設計のはじまりの頃——神長官守矢史料館

計できると思った。

丸い土の塊があって，棒がささっていて，布がヒラヒラしている絵。雨が漏るから屋根も載っている。それを元にして，下屋が前方に張り出して，展示室ができた。条件としては，文化財を収蔵するためにコンクリートでつくらなくてはならないから，コンクリートの上に土を掛けよう，と。吉阪さんの文章に出会えなかったら，危なかった。

「神長官」ができて，上手くいったと思ったのは，地元の人の不評（笑）。うちの親父にも不評。途中で模型が報道されたが，市民から市に文句がくる。「せっかく市がお金を出して，伝統ある守矢家の博物館ができるのに，なんであんな小屋みたいなんだ」と。田舎の人には，その辺の小屋に見える。ということは環境を壊していない。田舎の人が感動するものは，田舎にとって異質な都会っぽいものだから危ない。田舎の人は新しいことが本当に好き（笑）。インテリほど好き。うちの親父なんて，何かあるとペンキを塗っちゃう。高過庵も放っとくとペンキで塗られちゃう。

隣村のお婆さんには，「せっかくつくるなら，後ろのお蔵も新しくすれば良かったのに」と言われた。新しくつくったんですけどね（笑）。確かに昔からの土蔵に見えなくもない。

環境だけは壊してはいけないと思ったから，最大の条件はクリアした。後は，同世代の建築家がどう見るか。かなり不安でした。竣工直前，最初に建物を見に来たのは路上観察の人たち。「いい」と言ってくれたんです。

南伸坊さんは「藤森が立っているようでいい」と言った。次に，石山さんや松葉一清さん，鈴木博之さんなど，建築界の友達に見てもらった。石山さんが最初に，「これはいい」と文で書いてくれた。周りの環境と燦然と響き合っている。技術がバックに明解にあって，目に見えるかたちになっていると。

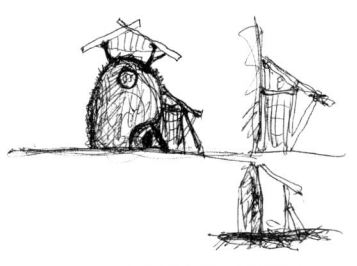

ナプキンに描いた初期スケッチ

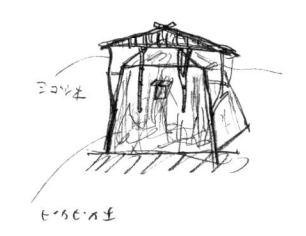

初期スケッチからの展開
形と材料がはっきりしてきている

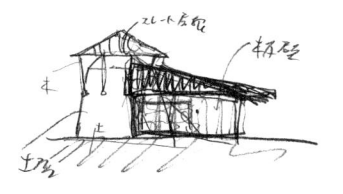

神長官守矢史料館　1990-91

南より見る全景

南東より入口を見る

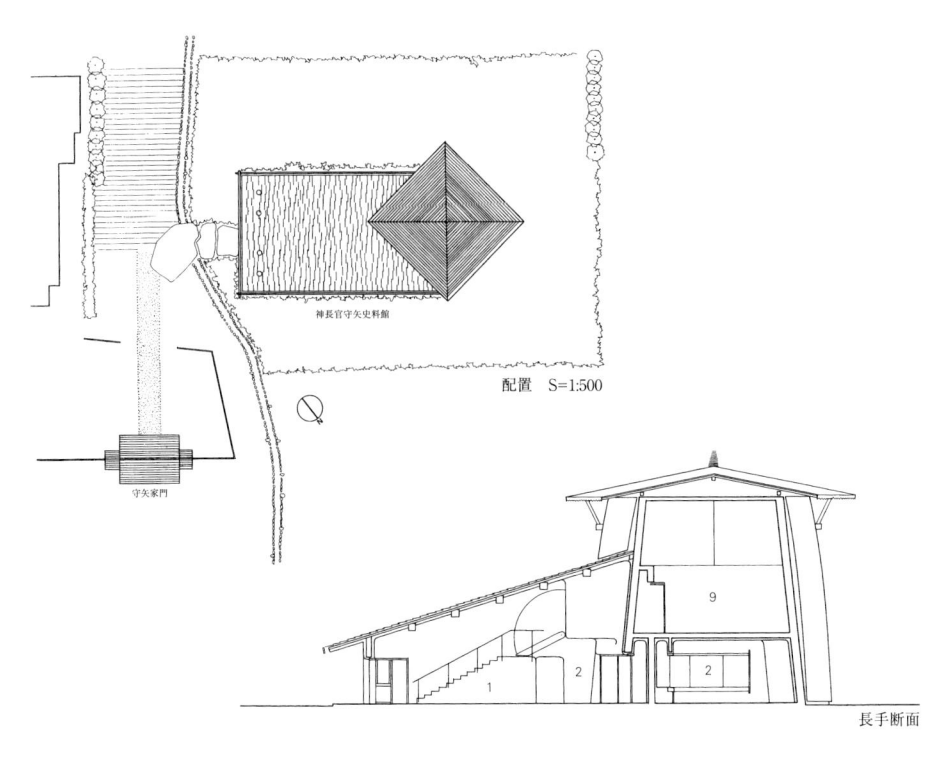

配置 S=1:500

神長官守矢史料館

守矢家門

長手断面

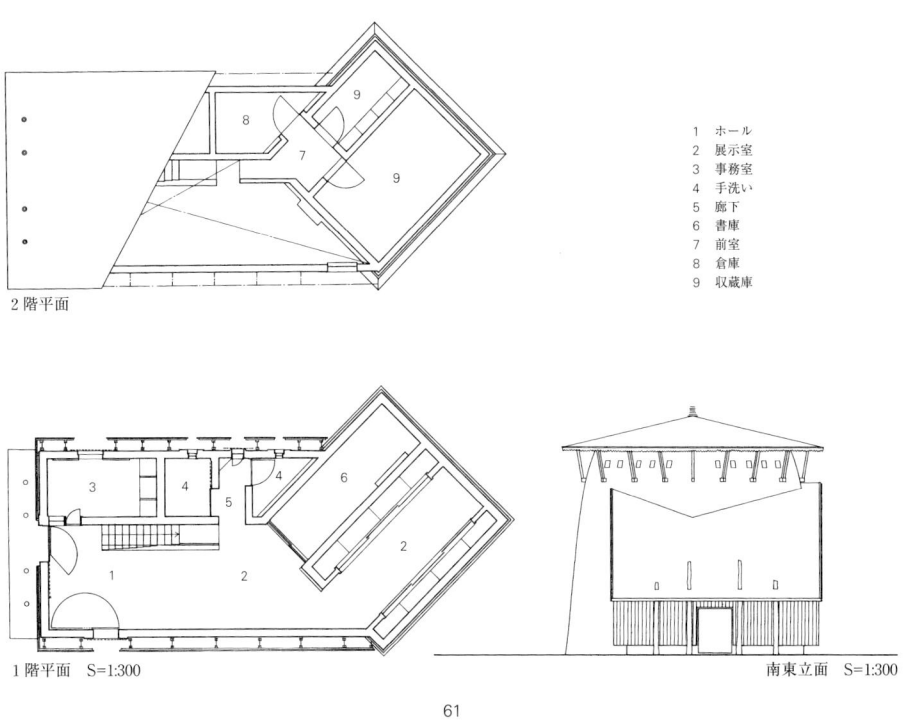

2階平面

1	ホール
2	展示室
3	事務室
4	手洗い
5	廊下
6	書庫
7	前室
8	倉庫
9	収蔵庫

1階平面 S=1:300

南東立面 S=1:300

展示室

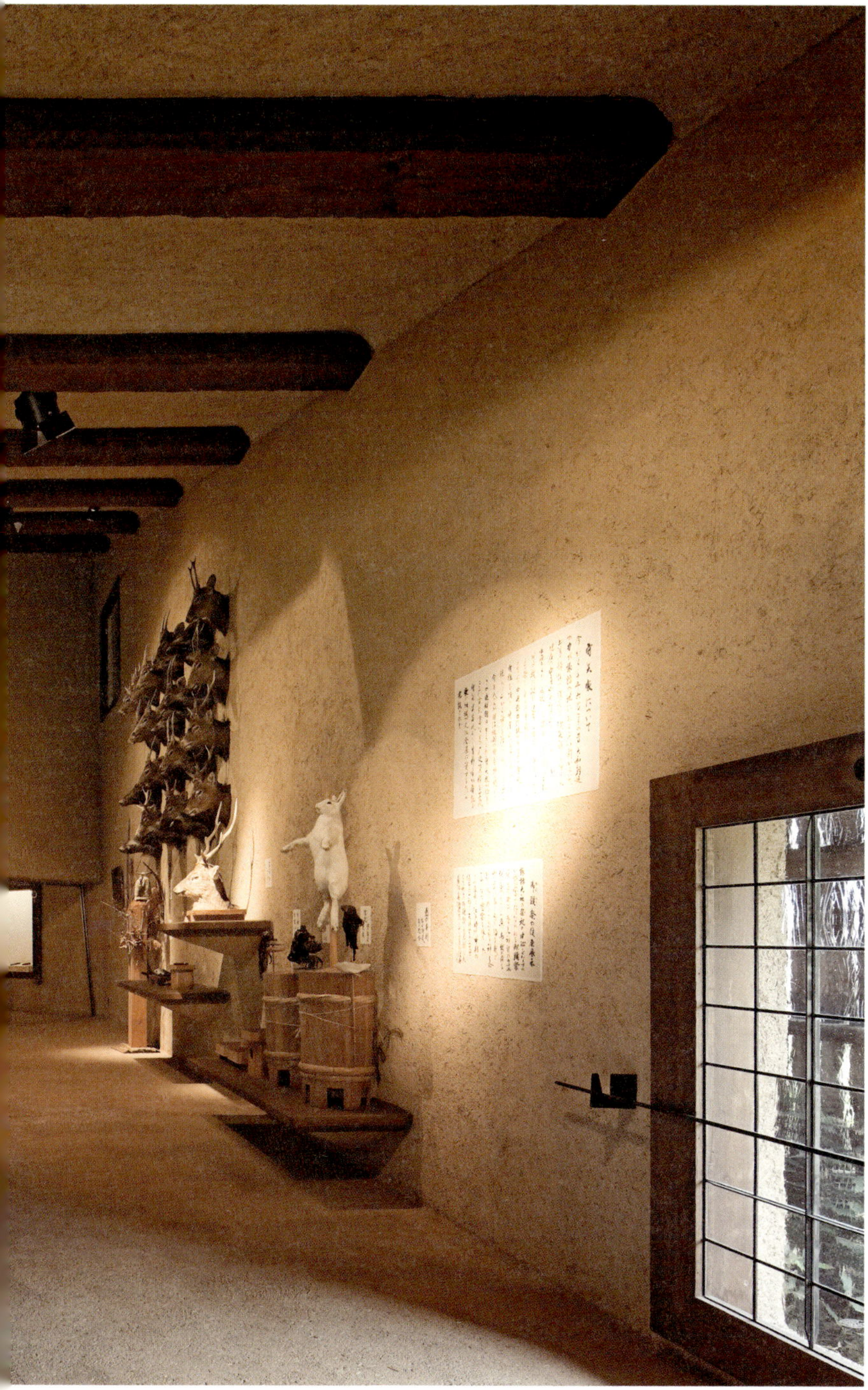

完成した後にTOTO出版から出版された本（『神長官守矢史料館』建築リフル―001, 1992年）で，隈研吾さんが巧い文を書いてくれました。タイトルの「見たこともないのに懐かしい」は，藤塚光政さんが付けたそうですが。
　普通，歴史家がつくると，民家風につくり，バイパス沿いのそば屋になる。藤森のデザインは，そば屋にならなかった希有な例だと褒めてくれた。初めの頃は，嫌なそば屋みたいな案もあった。頭の中には歴史の様式がつまっているからね。
　もう一つ，模型の段階で原広司さんが，「無国籍の民家だ」と言ってくれた。嬉しかった。民家的な性格は必要だと思っていたし，無国籍はもっと嬉しかった。ぼくは歴史をやっているから，どこかの国のデザインをすることは「そば屋」をつくることだと知っている。それ以来，原さんの言葉を元にして，自分の目指すものを「インターナショナルなバナキュラー」と言っています。
　ぼくの信頼する人は皆，評価してくれた。あとは建築界がどう見るか。試しに学会賞に応募してみた。10人の審査員がやってきて，現地調査をした。内井昭蔵さんが委員長だった。同世代では石井和紘さんと渡辺豊和さんがいた。最終的に入ったのは1票だけだったそうです。渡辺さんが推してくれた。ぼくは，友達だし石井さんが入れたんだと思ってたんだけど（笑）。彼が入れたらレム・コールハースの福岡の「ネクサスワールド」（1991年）と決戦になるはずだった。
　普通の建築家には，「藤森のやってることは何だか判らない」と言われました。「環境を壊さない」「誰にも似ない」「歴史の様式をしない」，それだけを考えていた。吉阪さんの言葉に触発されてつくった苦肉の作ですが，それを明解に説明する言葉がない。
　ぼくは，言葉の恐ろしさを知ってる。いかに優れたデザ

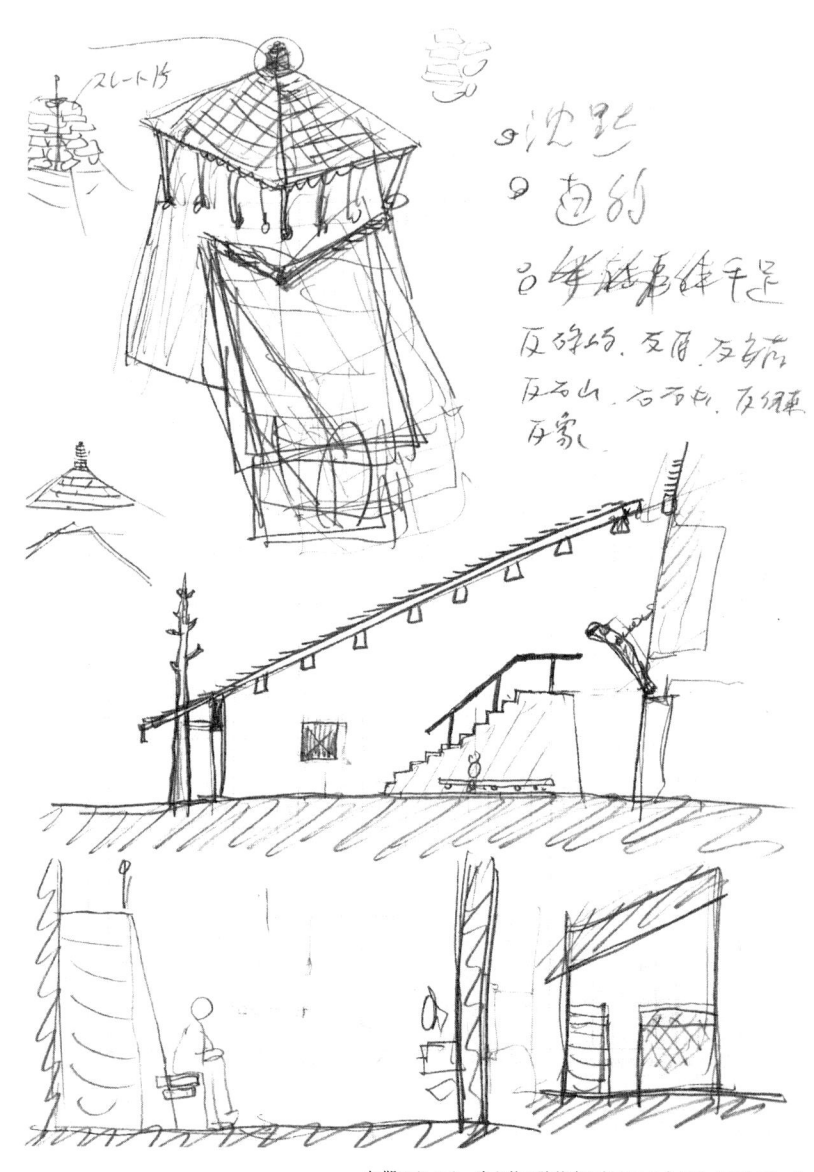

□設計のはじまりの頃――神長官守矢史料館

初期スケッチ。案が他の建築家に似ないようにとメモしている

ホール東隅の開口部

ホール東隅の開口部より外を見る

45度傾けて配された，真西奥の展示室

イン能力でも言語化によって，しぼんでしまうことがある。下手に自分の内にたまるものに光を当てると，発酵している菌が死んでしまう。それは，最初から注意していました。自分からは，デザインを言語化しない。代わりに人から言われてなるほどと思い，今に至ってます（笑）。

GA 面白いのは，皆さんが誉めたコメントを聞くと，それが決して建築であるとは言っていない。ぼくらもそうでしたが，既存の建築の壇上で批評をすることがしばらくできませんでした。

藤森 確かに，原さんの「無国籍の民家」にしても，現代の建築の問題としては，何を言っているのか判らないね（笑）。

GA バナキュラーというのはある意味で，建築と対をなすものであって，建築ではないと言っているようなものですよね。

藤森 「見たこともないのに懐かしい」というのも，現代建築の話ではない。

GA 結局，「神長官」が今だに，藤森建築の元にあって，そして，今だに「神長官」に還元されてしまうとも言える。「神長官」をつくられた時に，藤森建築は完成している。これ以上は進まないということを解説文で書いていたように思います。そうすると，誰も建築の遡上で批評することができない。言語化ができないように仕立てられている。

　処女作で，今となっては長い設計キャリアを決定づけるものを瞬間的につくってしまったことは，天才的だと思います。

藤森 ぼくの建築の原理は「神長官」にすべて現れているし，それ以降は，言語化も含めて，各論化しているようなものです。処女作を超えようという気持ちもない。科学・技術を自然で包むという理論は，後で付けた説明です。

　「神長官」が出来たのが45歳の時で，歴史家としての仕

事に目処が立った後でした。その後，周りの状況は変わってきた。ぼくが当時問題にしていたことに，みんなが乗り出してくるとは思わなかった。隈さんが自然の素材を現代建築とくっつける。隈さんに「藤森さんの神長官がなかったら，自分はもっと大変だった。防波堤だった。藤森さんがやると批判できないから助かった」と言われた。まさか，伊東さんまで，建物の上に植物を植えると思わなかった。屋上庭園は，一流建築家はやらないものだった。磯崎さんも原さんもやってないでしょう？　初期のル・コルビュジエが失敗して以降，誰もやっていない。

GA　二流の人だけが手を出していた？　それが一流どころも乗りだした。

藤森　少なくとも，とんがった連中はやらないものだった。今，若い建築家が植物に取り組み始めている。ぼくは植物は大変だぞと思ってるんですが。

□ スタンディング・ストーン＝御柱？

GA 「神長官守矢資料館」(1991年) の時には，海外の民家などは見ておられたのですか？
藤森 全く見ていない。それまで海外では，イギリスのヴィクトリア様式等，日本の近代建築の原形となったものを意識的に見に行きました。日本には，欧米から建築様式が輸入されているからね。民家を見ても何の研究の足しにならない（笑）。

それが，設計するようになってから，見る建築がガラっと変わった。
GA デザインに「使える」という目で見るようになった？
藤森 そうではなくて……。自分の設計と響き合っているものを見たいと思った。それまで，研究と響き合っているものを見たいと思っていたのと同じです。

ヨーロッパに行っても，それまで全く見ていなかったものを見る。興味を持って見る建築の年代はどんどん古くなっていきます。

まず，ゴシックを見たけど，つまんねぇな，自分とは関係ないと思った。次に，ロマネスクを見て，これは自分とつながる。さらに，時代を遡って，ロマネスク直前を見歩く。

プレ・ロマネスクと呼ばれるものが，ヨーロッパでもフランスとスペインにごく少量だけある。そのプレ・ロマネスクの元になったのが，初期キリスト教会で，現存するものは20棟程しかありません。キリスト教がローマ帝国により公認された5世紀の建築です。キリスト教建築の成立期に「何が優先されるか」「人は何を求めたのか」を実物を前に考える。イタリアの南の果てからノルウェーのフィヨルドの奥まで，真面目に初期キリスト教会とロマネスクを見歩いた。

そうやって，建築の根源を探して教会を見歩いている途中から，石器時代の巨石遺構やスタンディング・ストーン

□スタンディング・ストーン＝御柱？

に興味を持ちはじめた。建築の領域を踏み破ってしまった（笑）。スタンディング・ストーンの前には，もう建築はありません。あったとしても洞窟で，構築物ではない。

スタンディング・ストーンの造形に感動しました。現代の作家で影響を受けたのはイサム・ノグチだと思います。銀座のメゾン・エルメスで行われた展覧会でイサムさんが撮ったフランス・カルナックのスタンディング・ストーンの写真を見つけた。イサムさんの最高傑作であり，絶作である「エナジー・ヴォイド」は，スタンディング・ストーンに穴を開けたものに間違いない。

スタンディング・ストーンは世界中にあって，日本はもちろん，ヨーロッパも中南米も訪ねた。自分の造形的な関心の行き着く先はここだと感じた。そうすると，中沢新一さんの関心と通じてくる。

カルナックの
スタンディング・ストーン

中沢さんと「高過庵」で対談（『ユリイカ』2004年11月号）をしたが，彼は守矢家に「神長官」ができる遥か前から，10回以上も調べに来ている。ある時，変な建物が建っているから誰がつくったのか訊いたら，ぼくの名前が出た。ぼくのことは，物書きとして知っていて，会ったこともあった。「そう言えば，藤森姓は諏訪だな」とつながったらしい。

人類の古い記憶とその造形について，見るだけではなく，意味も考えるようになりました。ぼくが歴史家として誇りに思っているのは，建築の起源を石器時代のスタンディング・ストーンとし，建築史の始点をピラミッド以前まで移動したことなんです。

GA そもそも，スタンディング・ストーンは何のためにつくられたものなのですか？

藤森 基本的には太陽信仰です。神様が降りてくる場所ではなくて，死者が天に向かうための極めて人為的な装置だと考えています。

ピラミッドは，王の魂が太陽に行くための施設です。初

期のピラミッドが階段状なのは，王の魂が階段を歩いて上がって行くと考えたから。後に，クフ王がツルっとしたピラミッドをつくるが，最上部には金箔を貼っていたことが，発掘から判っています。金箔の意味は，光を集めて，太陽の出張所をつくること。そして，王は太陽に舟に乗って行く。だから，ピラミッドのそばに木の舟が埋められている。

　ヨーロッパのスタンディング・ストーンの周りを丁寧に発掘したら，もっと古い形式の柱の穴が空いていることが判ってきた。スタンディング・ストーンの前には，スタンディング・ウッズがあった。木は腐ってしまうから，石に置き換わった。アメリカのインディアンにも，スタンディング・ウッズの習慣があった。日本にもいくつもある。

　木は，神様というか自然の精霊が寄り付くものとされていた。現在の日本で神事で使う常緑は，緑に神様を寄り付かせるため。それは，太陽信仰より，さらに古い自然信仰の伝統です。

　一方，スタンディング・ウッズは，木を切ってきて，完全に人工的なものとして立てている。つまり，神様が寄り付くのではなくて，自分たちの魂を天に届けるもの。スタンディング・ウッズも，スタンディング・ストーンもピラミッドの原型で，太陽信仰なんです。

　太陽信仰には，どうしても高さが必要だった。「魂の梯子」と言ってもいい。ピラミッドも大事なのは高さなんです。スタンディング・ストーンで世界で一番高いものは20メートル。スタンディング・ウッズについては，残念ながら高さの証拠はありませんが，三内丸山遺跡の例では20メートル。

　建築が彫刻など他の造形芸術と違うのは，その高さです。古い時代ほど，高いことが重要視されたし，建築家も高いことが好きだった。今は高いのが好きと表明する日本の建築家はいませんね。台湾あたりにはいるけど（笑）。

諏訪大社に建てられた御柱

□スタンディング・ストーン＝御柱？

　そういうことを考えている時，愕然とするんです。諏訪には御柱がある！

GA　違う場所にある同時発生的な文化をフォーカスしていくと，様式や形式をそぎ落としても成立する。つまり，誰もが共有できる価値観の上に載る。それを狙っているのが，藤森さんの建築ではないかと。

藤森　いや。狙ってはいませんよ。「自覚的にやっているんじゃないか」と言うんでしょ（笑）。自覚的にやってたら，こんなに嫌な奴はいないよ。歴史を始めてから今日まで，そこを目指して着実にやってきたことになっちゃう。その場，その場でやってきただけ。

　後になってから，自分の興味とデザインの方向性に気づく。「結局，御柱じゃないか」。自分の建築と御柱が関係あるかと言われたら，確実にあるとは思うけど，それがどうしてなのかは判らない。自分では，言語化して分析できません。指摘されると，「関係あるのでしょうね」と言うしかない。「神長官」で入口の屋根から突き出しているのも，御柱かも……。

GA　神長官は，あの柱がないと民家っぽく見える。だから，柱を建てることで民家を否定したかったとも読めます。

藤森　その通り。入口がもの足りないと思ってスケッチをしていたら，垂直の線が屋根を貫き，これでいけると思ったことをはっきりと覚えています。

　「この柱は必要ないのではないか」と言われたら，「御柱です」と説得するつもりだった（笑）。守矢家は御柱を司る家です。御柱には条件があって，薙鎌を打込みます。「神長官」の柱にも，御当主にちゃんと打込んでもらった。もう誰も文句が言えないでしょ（笑）。

□ 赤派／白派のこと

GA 現代建築を理解するための指標として提示された「赤派／白派」ですが，いつ頃に確立したものなのですか？

藤森 初めて「赤派／白派」と言った時のことは，よく覚えています。1990年頃，石山修武さんに呼ばれて早稲田で行ったレクチャーでした。変な集まりでねえ……。土居義岳なんかが一緒だったなあ。表向きのテーマは覚えてないんだけど，「磯崎新の前で若い連中がプレゼンテーションする」のが目的のような……。ぼくは，問われたテーマに全く興味がなかったので，その時考えていた，赤派／白派の話をしたんです。磯崎さんが意外に興味を持ってくれたので，「イケル！」と思った（笑）。

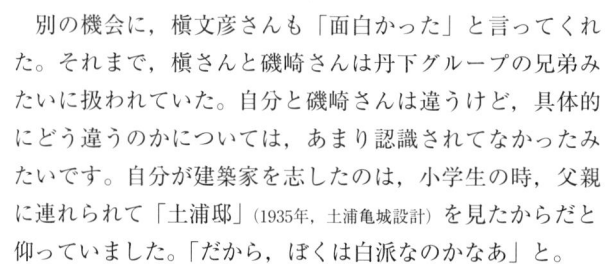

別の機会に，槇文彦さんも「面白かった」と言ってくれた。それまで，槇さんと磯崎さんは丹下グループの兄弟みたいに扱われていた。自分と磯崎さんは違うけど，具体的にどう違うのかについては，あまり認識されてなかったみたいです。自分が建築家を志したのは，小学生の時，父親に連れられて「土浦邸」(1935年, 土浦亀城設計)を見たからだと仰っていました。「だから，ぼくは白派なのかなあ」と。

「赤」と「白」に分けるという論理は大筋では間違っていない。「赤＝存在」と「白＝抽象」が20世紀建築の2大潮流であるのは，間違いない。当時の建築界の動向を明快に説明することができた。

20世紀建築は抽象的な原理をテーマにする「白派」が主流でした。グロピウスの「何も無さ」こそが20世紀の原点ゼロだと思う。その白の流れが，バウハウス，現代でいうと，SANAAへと流れている。

一方で，モノが存在していることを大事にする「赤派」は常にどこかの文化に依拠しなければ成立しない。ミースは文化に影響されていないと思われがちだけれども，彼の感覚の基にあるのはシンケルだから，とてもドイツ的。そして，コルビュジエは地中海的です。日本的なら丹下健三

槇文彦：スパイラル

ヴァルター・グロピウス：
バウハウス校舎

SANAA：金沢21世紀美術館

□赤派／白派のこと

ミース・ファン・デル・ローエ：
新ナショナル・ギャラリー

ル・コルビュジエ：
ロンシャンの礼拝堂

丹下健三：広島平和記念資料館

さんです。モダニズムを深く理解した上で，国の伝統をそっと混ぜる。

20世紀建築の赤派は，おそらく世界の文化の数だけある。その国の刻印をちゃんと打ちながら，しかも世界に共通するものをつくる。

GA 単なるローカライズではないと？

藤森 そうです。一方，白派は文化ではなく科学・技術が基にある。物理学は，物質の本質を求め続ける。物質とは，分子，原子，中性子，クォーク……。物質の根源を求め続けるのが，白派。触覚として捉えられる具体的建築の奥にある空間の原理を探し続けるのです。空間を身体が実感できない部分まで還元する試みでもある。20世紀は，見える世界の裏に見えない世界があって，それが世界を動かしているという発見の世紀です。フロイトの無意識や，マルクスの労働価値，アインシュタインの原子の世界……。

養老孟司さんによると，脳は白っぽい灰色だそうです。栄養分としてヘモグロビンを使わずに，酸素がそのまま水溶液の中に溶けていくらしい。我々の肉体が赤いのは，ヘモグロビンのせいですから。

白派の空間の実験は，物理学の実験と似ていて，普通の人に判らなくて当然。ぼくらがノーベル賞の受賞の話を聞いても，内容を理解できないのと似ています。ただ，その実験の成果がいつの日か普通の人の感覚のレベルまで来ると信じたい。この辺のことをうまく言語化，理論化できる人がいるといいんだけど……。妹島和世さんはじめ，白派の実験をしている建築家は，自分が何の実験をしているのか理解しているわけではない。

自然科学的な比喩だと，肉体は赤，悩は白。磯崎さん，石山さんは赤。槇さん，伊東さんは白っぽいが，根は赤。二川幸夫さんの写真は赤ですね（笑）。

GA 肉食，草食的な分け方ですね。

藤森 今風に言うとそう（笑）。草食男子の建築界の草分けは西沢立衛さんだね！

伊東さんだけは，当時，判断を見誤った。意外と伊東さんが白的ではなかった。冷静に伊東さんの文章を読んでいると，赤的なことをいっぱい書いている。造形も赤を白っぽく仕上げる。基本は赤だと思います。抽象性はあるんだけど……。

原広司さんは白派なんだけど，色を使いますね。

GA 原さんの色は「記号」なんでしょうか。

藤森 判らないな……。一説によると，バラガンだと聞いた。原さんが自分で言ったのか……。それにしては……（笑）。バラガンの色なんて，真似しない方がいい。あの微妙な色合いは一代で身に付くものではなくて，彼のバックにある歴史から滲み出てきている。

GA 遡ればスペインからですね。

藤森 バラガンは大地主で，社会主義時代には，メキシコの建築界で嫌われたそうですね。

GA 彼もエセ社会主義者だったんですよ。白派＝インターナショナルスタイルをやって，自分をカモフラージュしていた。それが戦後，がらりと芸風が変わる。バラガンみたいに，「赤」「白」が変わる人もいるのではないかと思います。

藤森 白派は，日本以外にどういう人がいるだろう？ 妹島さんのような実験をしている建築家って知ってる？ 雑誌で見ると，赤派の舞い踊りばかりだよね（笑）。

GA レムの教え子の若い建築家は，白的な実験をしていると思います。しかし，彼らも仕事の規模や場所によって，「赤く」なることもある。つい先日，デンマークのBIGという事務所のビャルケ・インゲルスに会いましたが，仕事が山のようにある。やっていることは，実験めいてはいますが，仕事をこなすうちにすぐに「赤」になってしまうでし

磯崎新：旧大分県立大分図書館

石山修武：リアスアーク美術館

西沢立衛：森山邸

伊東豊雄：せんだいメディアテーク

原広司：JR京都駅ビル

ルイス・バラガン：
サン・クリストバルの厩舎

ょう。藤本壮介さんなんかもあっという間に「赤」になる可能性があると思います。

藤森　ぼくは藤本さんの「T house」(2005年) が一番好きなのですが，赤派にも転向できそうな作品です。彼はあんまり素材や仕上げには興味がないから……。

　実験には，求めている要素以外は無い方がいい。余分なものを排除して，高い純度で実験する必要がある。藤本さんは，意識的に白以外を排除している感じでもなくて……。「武蔵野美術大学 美術館・図書館」(2010年) の素材は本と本棚。あれだけ雑多なイメージを持ったものでは，白派の実験はできないのではないか。大分の「house N」(2008年) の方が空間の実験性が高い。

　平田晃久さんは実作があまり無いけど，実験的だよね。

GA　彼はとても原理主義的です。原理に縛られているともいえる。一方で，伊東事務所時代に「TOD'S 表参道ビル」(2004年) 等を担当した実務経験があるから，ぐにゃぐにゃをつくっても，曲面の整理の仕方が合理的な気がします。

藤森　だから，固い感じがするのかな？　フレデリック・キースラーみたいな感じでやってしまえば魅力的なんだろうけど……。キースラーは若いうちは，ひとつも実作をつくれなかったから，つくれるだけ，建築家としてマシなのかもしれないが。

□〈建築の一部〉家として──タンポポハウス

□濃すぎる佇まい

GA　「神長官守矢史料館」(1991年)の次に建てられたのが自邸である「タンポポハウス」(1995年)。建築家にとって自邸とは特別なもので，野心的な実験の場にしたり，永久にいじり続ける人もいる。その意味では，さらりとつくられた印象なのです。完成したものの濃さは別として(笑)。

藤森　「神長官」の後，つくりたくてしょうがなかった。でも，設計の依頼はない。自宅しかない。ちょうど建て替える時期でもあった。家の建て替えの話を出したら，家内の第一声は「お仲間の建築家だけは止めて」(笑)。

GA　お子さんは何人いらっしゃるんですか？

藤森　4人。セキスイハイムのM1シリーズのユニットを6個置いて，子供が大きくなって増築して，それでも足りなくなって前の敷地を買い足して，結局つくり変えることになった。

　頑張ろう。当時，建築家の気分ではなかったけど，何か建てたくて(笑)。「神長官」が終わってすぐに手を付けた。

　当時のスケッチを見ると，神長官の後，自然に出てきた形でもないですね。自分でも曖昧で，歴史を参照したり，変な形にしてみたりして，結構時間が掛かった。設計を楽しんでた。

　自邸の名作は，たいてい小規模です。ギリギリの条件でやっている。ところが，ぼくの場合は予算があって，あの頃，原稿料で結構稼いでいたんじゃないかと思う。とにかく単価は高かった。後で冷静になって判ったが，ぼくの作り方の経済的な問題は，普通だと構造体とサッシュで終わってしまうところを，構造体をつくった後，外側と内側を真面目に別立てで仕上げる。自然の材料を使って，外側に石を張ったり，内側には木を張ったり漆喰を塗る。すごく面倒くさい。それでコストが高くなることが自邸で判った。

□ 〈建築の一部〉家として——タンポポハウス

「神長官」のやり方も同じですが，サブコンがギリギリ無理してやってくれていたようです。後で知りました。

　出来てみて，自分の家は，やり過ぎた感がありますね。
GA　どの辺りが？
藤森　石と草がやりすぎた。石だけなら良かった……。
GA　タンポポが問題だったと（笑）。
藤森　石と草のコンビは，やってみたら美学的にうるさい。形も凸凹しているし。反省してます（笑）。

　いじっているうちにどんどんヘンになった感じが今でも残ってる。出来た時に何となく判るんです。優れた作品かどうか。うちは，「異様に強い作品」という感じがした。他人の家でなくて良かったです。今でも，夜見ると，ちょっと濃すぎる感じがある（笑）。まだ自分の中で消化できていないような……。

　郊外の住宅地には，様々な形のものが建っている。伝統的なのもあるし，住宅メーカーの家にしても会社ごとに色々ある。でも建築的には全部ペラペラ。そこは共通している。「タンポポハウス」はそれらと比べると，バランスを欠いて濃すぎる（笑）。
GA　確かに他の家と比べると異質です（笑）。

　そもそも，どういうイメージからスタートしたのですか？　ある見方をすればヴィラっぽいし，和洋折衷風とも見えるし，どこに元のアイディアがあるのかよく判らない。
藤森　最初の頃のスケッチを見ると，いろんな要素を無茶苦茶詰め込んでいる。イタリアの山岳都市をそのまま家にしたような感じ。

　住まいをつくろうという気分はあまりなかったんじゃないかな。何か，外観の彫刻をつくっているようでした。
GA　外が最初にありき，だと。
藤森　「神長官」の時も基本的に興味があったのは，外部でした。

最初のスケッチ

南より見る全景

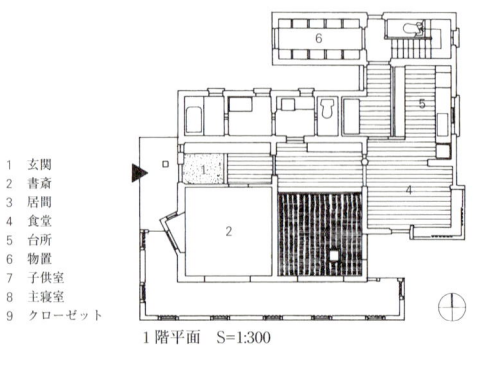

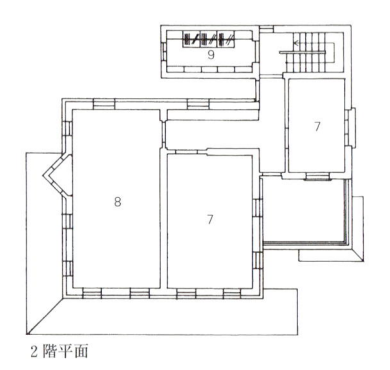

タンポポハウス　1990-95

1　玄関
2　書斎
3　居間
4　食堂
5　台所
6　物置
7　子供室
8　主寝室
9　クローゼット

1階平面　S=1:300

2階平面

外装材の鉄平石とタンポポ

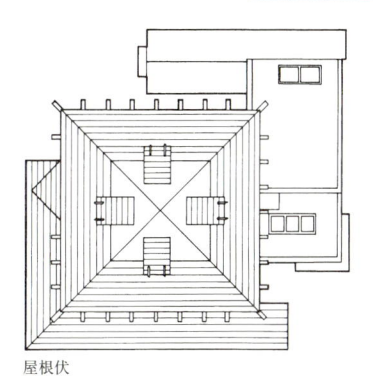

屋根伏

断面　S=1:300

プラン，外観，材料，構造，仕上げ，建築には色々な要素があるが，あの頃は，外観と仕上げだけでやっていたんじゃないかな。

□タンポポとの格闘

藤森 「タンポポハウス」では，とにかく毛深くしたかった。鉄平石を積み上げるような感じ……。加えて，ここでの課題は，植物を取り込むこと。今でも上手くいきませんけど，当時から大変でした。
GA 近代建築の屋上庭園とも違うものですよね？

西側外観。正面は玄関

□〈建築の一部〉家として——タンポポハウス

藤森 屋上庭園は全く興味がありませんでした。屋上庭園はいくつか見ましたが，建築との関係がない。建築の上に載ってるだけ。植物にしてみれば，建築は植木鉢です。それとは違い，植物と建築を一体化したいという野望を持っていた。一体化のテーマは前例がないことも判っていた。

全面的に植える案もつくったが，それだとかえって植物と建築は別のものになってしまう。一体化するためには，筋状に植物を入れればいいと思いついた。一番良いのは点状に植える。とにかく，建築の面に対して微分して植えればいい。点々に植えるのは大変だから，筋状に植えたが，でも，ヘンなものですよ（笑）。

植物を植えるからには，完成して以後も，ちゃんとコントロールし続けないといけない。しかし，出来て以降，植物は，勝手に伸びていくか，枯れるかどっちかしかない。建築家の望ましい状況にはならない。それを思い知りました（笑）。

GA 建築と植物ではライフスパンが圧倒的に違う。全く異質なものが合わさってる。

藤森 そう，全く違う。人間の美学の前提には，自然界とは別のものをつくろうとする意識がある。植物と人間は，元々美学的に全く別の発達の仕方をしてきて，植物は人間の都合を考えません。朝から晩まで成長することだけを考えている。条件を整えるとひたすら成長して手入れが大変になる。条件が悪いとすぐ枯れるか，違うものが生えてくる。

元々，路上観察学会で，超高層を蔦で仕上げようという話がありました。紅葉が上層階から始まって，「ただいま紅葉前線36階です」とか。体温計の逆で「どんどん下がってきましたねえ」なんて。そんな話をしていた。実際，建物に生えている蔦の観察をしました。青山のビルが一番大きくて，一株で10階分ぐらい伸びていた。蔦一株で10階分の

居間

居間（板の間）の北東隅部に設けられた飾り棚

西側の土間化した縁側

居間（板の間）より食堂を見る

ビルを覆えるとしたら，超高層は 5 株植えればいい。でも枯れたときに蔦は汚い。それなら芝生とタンポポを植えればいい。タンポポの綿毛が風に吹かれると，霞がたなびくようでいいとか，日本タンポポを植えて，西洋タンポポを押し返そうとか。感覚的には本気だったが，言葉の上では冗談だった。それを何とか，言行を一致させようとしたわけです。

　日本タンポポをわざわざ集めて植えた。見事に失敗した（笑）。あらゆるレベルにおいて。まず石と植物が交互にあるのが美学の上では濃くなり過ぎる。大きな公園のシンボルとしてはつり合うが，郊外の住宅地でやることじゃない（笑）。それに管理が難しい。ちょっと手を抜くとすぐ枯れるし。

GA　今はどうなっているのですか？

藤森　ほぼ全滅した（笑）。困ったことに条件に合ったものが生えてくる。ニラとか。どこかから種が飛んできてどんどん増える。ぼくは「ニラは許さん」と言って……。

GA　「ニラハウス」(1997年) をつくってるのに（笑）。

藤森　他人の家（笑）。

GA　給水と排水はどうなっているのですか。

藤森　給水システムは，まず，スプリンクラーを廻しました。最初は現場で実験もして，スプリンクラーだけでやる予定でした。しかし，足場を取った後，回したら，風向きで隣の家の洗濯物に掛かっちゃった（笑）。親しいからこれはマズい。工事中は幕を張っていたから問題なかった。そこで，ホースを廻しました。日本で 1 社だけ灰色のビニールホースをつくっている会社があり，プツプツと穴を開けて，水を廻しました。ところがこれも大変で，ビニールホースの穴は，しばらくすると穴が塞がっちゃう。長い間にねじれて水の出る向きが変わる。それ以上に問題は，水を遣るのを忘れちゃう（笑）。悲惨だったのは，普通の雨では

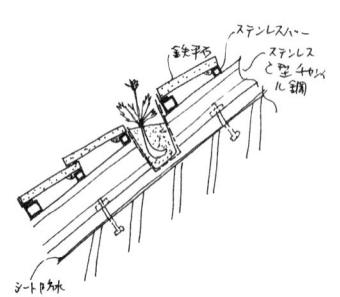

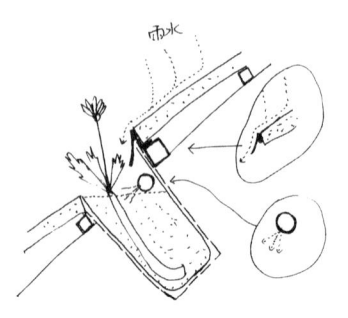

□〈建築の一部〉家として——タンポポハウス

壁面に水が行かないから,雨の日に洗車で使う水のピストルで水を掛けるんです。家内が本気で文句言ってました(笑)。

とにかく手間が大変。今は大丈夫です。ドイツで優れた給水器が開発された。センサーが付いていて,土中の湿度に応じて水が出たり止まったりする。最近はこれを使ってます。

あの頃,建築の緑化は,建築界で全くテーマになってなかった。伊東豊雄さんたちが来て笑うんだもん。今でも覚えています。当時,赤派,白派と建築家を分類していたが,伊東さん(白派)が石山修武さん(赤派)に,「これからの赤派は大変だなあ」と呆れて笑ってました。

□**プランなき洞窟のインテリア**

藤森 当時,関心があったのは外観だけ。まず外の塊を考えると,自ずと内側にある大きさのヴォリュームができて,それが住むところになる,ぐらいに考えてました。最近の若い人はプログラムという言葉をよく使いますが,ぼくらの時代はプランと言ってた。しかし,伊東さんが「お前のはプラン以前の間取りだ」って(笑)。
GA (笑)。
藤森 いや,可笑しかった(笑)。さすがだと思った。その通り！ 間取りです。

粘土の塊で形をつくって,その中に空間が自然とできて,お互いにつながっていく。今の人たちからすれば,変なものに見えるでしょう。伊東さんは,自分のお父さんが,こたつにあたりながら描いていた間取りと同じと言ってた。

多くの建築家がぼくのつくるものをよく判らないと言うのは,設計の進め方があまりに現代と違っていたから,どう捉えていいか困ってるんじゃないかな。ぼくみたいな外

◁鉄平石とタンポポの屋根のスケッチ。左下は,穴を開けたビニールホースを廻して散水できるように考えたもの。雨水がプラントボックスに直接入るように,鉄平石の先に透水シートを接着した

形と仕上げの二つだけに力点を置いている人もいなかったし。

　塊の中に空間があるから，結果的に穴ぐらみたいになる。自閉的でした。今は，開放的な家がつくれるようになってきたし，開放する理論も考えるようになったが，「タンポポハウス」の頃は，全然だった。

　内部については，洞窟風のインテリア，という意識がありました。洞窟風とは，床，壁，天井が同じ材で仕上げられていること。これは誰もやっていないんじゃないかな。最近，伊東さんは気づいたようです。現代建築では難しいんです。例えば，打放しで床はつくれない。床，壁，天井に同じ材を廻すとしたら，天井材は一番弱いから，これで全てはつくれない。床材を全面に廻すしかない。床の仕上げが一番高くて，次が壁，一番安いのは天井です。「タンポポハウス」では，床材の木を天井まで廻して，洞窟の原理を初めて試みた。

GA　間取りを見ると思いのほか非常に普通ですよね（笑）。
藤森　ごく普通です。家内が，昔住んでいた家によく似てると言ってた。気づかなかったけど（笑）。
GA　セキスイの家と？　そもそも，どうしてセキスイだったんですか。
藤森　理由は明快で，まだ若くて，お金もなくて，土地だけは手に入ったので，地震に強くて一番安いのを探した。当時でも，大野勝彦のMシリーズが，建て売りの安いものより3割以上安かった。それで何の迷いもなくセキスイハイムのM1にした。

　住んでみてすごく勉強になった。全く表情が無い。本当に必要なところだけつくった結果，ミニマリズムという表情さえ無い。表情を何も持たない住まいの心地良さ。住むとしたら全く無表情なものか名作か，どちらかだなと思った。

解体中のセキスイM1（旧藤森邸）

すごく良かった。ヘビーデューティで，とにかく強い。鉄骨に鉄板ですが，普通のドリルじゃ穴も開けられない。今だったら構造材になるような厚さの鉄板です。内装は合板の上に紙を貼っただけだから，子供たちは，ガンガン落書きしたが，全然，気にならない。コンテナの中に住んでるようなものです。ちょうど子育ての時期で良かった。

その家と，「タンポポハウス」は，プランが似ている。全く建築のことを知らない学生にプランを描かせると，自分の育った家に近いものを描きますが，それじゃないか（笑）。とても建築家とは言えない。今はもう少し建築家としての見識を持って設計してますが（笑）。

GA　ご家族はどういう反応でした？　超一般的な世界から移られてきたわけですよね。

藤森　家内は満足。昔と同じ暮らし方ができるし。表現のことはしょうがないと思っていたでしょうね。嫌がったのは子供です。男の子は，友達に言わなかったし，女の子は，学校で新しいクラスになった時，住んでいる場所を言ったら，「変な家の近くなの？」と訊かれたから，「うん，近く」と答えたらしい。今は慣れたようですが。

自宅の設計で，台所や浴室，トイレなどに全く関心がないことを知りました。今でもありませんが。

GA　ご自分で料理をしないのでは？

藤森　料理はあまりしませんが，魚をさばくのは好きですよ。食べるのはものすごく好き。だから関心はあるが……。

台所に関心が持てなかった最大の理由は，どこから考えていいか判らない。同じことが建物全体にもあるんだと思ったのは，養老孟司さんの家「養老昆虫館」(2005年)をつくった時，要求を出してほしいと言ったら，養老先生は真顔で，「建物について考えるためのとっかかりがない」と言われる。「だから要求はございません」と。

ぼくの場合，台所について考えるとっかかりがない。シ

ンクや器具の並べ方なんて，わざわざ考えなくても，本に書いてある。それ以上，何をどう考えればいいのか。皆どうしているんだろう？

GA あえて，合理的なものを崩すというやり方は見ます。例えば，台所ではないですが，山本理顕さんは，家族の関係性をあえて崩す。分析しているけど，実は，本来の姿ではない実験的なものだったりする。それと同じようなやり方が台所にしてもあるかもしれない。例えば関係性を表すために，オープンキッチンにしてみたり。でも，大抵は煙がちゃんと抜けないとか，使い勝手がかえって悪いといった問題が起こりますが。

藤森 ぼくは，そもそも住宅のプランに関心がなかった。どういう原理でやるべきかという主張もない。だからだと思う。台所は自宅以降も触ったことはないです。

□ 〈建築の一部〉家として

藤森 設計者として，建物全体に対する関心はないです。歴史家としてはありますが。間取りについて，自分なりの見識が出てきたのは最近です。人類の初期の住まいについて考えたり，実際に見たりするようになってから。ぼくは，部分的に建築の世界に出てきたと言えるね。仕上げから入ってだんだん建築の全体へと迫っている。

　設計する段階になると，本当に自分の中に根ざしているものだけが出てくる。頭は進んでいて，根ざしてなくても理解することができる。また，頭は「あれもある，これもある」という多様な理解をするけど，設計は，それはあり得ない。だって一つしか許されない。

　仕上げのことや洞窟にしたいとか，植物を取り込みたい。そんなことばかりを考えていた。そこでは，構造もプランも出てこない。プランが一番最後かもしれない。

□ 〈建築の一部〉家として——タンポポハウス

GA 舞台セットのデザイナー的ですね。裏は関係ない。興味のあるのは表面にあるもの。
藤森 建物は,多様なもののまとまりですが,その一部にしか興味がなくて,一部項目に特化していて,その項目がだんだん増えてきた感じはある。
GA ある意味で,最初の頃は建築家ではなかった?
藤森 そうそう(笑)。〈建築の一部〉家みたいなもんだね。建築の仕上げ家,とか。
GA 建築のイメージをつくっている人だった,と。

　想像するに,建築仲間の皆さんは,当初,藤森さんは建築家じゃないと思っていたに違いない。だから安心していたけれど,最近は安心してないと思いますよ。だんだん本物の建築家になってきちゃったから(笑)。
藤森 まず外観と仕上げに材料に興味を持って,次第にバラバラといろんなものに興味を持って,だんだん,真っ当な建築家に近づいているのかもしれないね。

□ ニラハウスのこと

藤森 路上観察学会の人たちは,「神長官守矢史料館」(1991年) を気に入ってくれていた。皆,建築界のことに興味がないし,知らないから純粋に面白がった。その後,赤瀬川原平さんが「タンポポハウス」(1995年) を見に来て,「藤森は家もつくれる」と思ったそうです。それで頼まれたのが「ニラハウス」(1997年) です。

GA 赤瀬川さんは,それまでどんな家に住んでいたのですか?

藤森 建て売りです。芥川賞の賞金で買った家って,私が何かで書いたら,「そんなに賞金は出ない」そうです。芥川賞以降の文筆業の収入で家を買われた (笑)。とにかく家が持てると思うと嬉しくて,建て売りを買ったらしい。それが住みづらいと相談を受けたわけです。

　初めは,単に話を聞いている気分で,赤瀬川さんの好みの建築家か,良い建て売りのメーカーがいたら紹介すればいいぐらいに思ってた。そのうち,「君にやってもらいたい」と言う。親しい人ですし,ぐいぐい思い通りにやろうとまでは考えず,暮らしやすい家をつくればいいかなと……。

GA どんなことを求められたのですか?

藤森 赤瀬川さんの要求としては,「10坪のアトリエが絶対欲しい」。何に使うんだって訊いたら,絵を描くと言うので,「赤瀬川さん,画家じゃなくて作家でしょ?」と言ったら,ムッとして,「表に出る時は〈画家・作家〉という肩書きにしているんだ」。必ず作家の上に画家を置くらしい。「今でも絵描きでありたい。自分が絵描きを辞めた理由は,ちゃんとしたアトリエがなかったからだ」と。「それはないでしょう (笑)」と言ったんですが。絵描きの友達の名前を具体的に挙げて,とにかくアトリエ10坪が基本だと言う。奥さんは,中庭が欲しいということでした。その二つだけで他は何も言われません。

　10坪って木造でやるとすごく変な形になるんです。9坪

□ニラハウスのこと

　なら3間×3間で上手く行きます。「いい」と言うので，9坪になりました。ちょっと寂しそうでしたけど（笑）。結局，全然絵は描いてない（笑）。

　中庭は敷地の形状から無理でした。建物の建坪が50坪以上ないと中庭は厳しい。中庭は狭いと湿気の上でもマズい。結局，三方囲まれたデッキの半中庭を入れました。

　スケッチを描いているうちに，切妻の案が出てきて，これはレーモンドの軽井沢の「夏の家」(1933年) の形に似ているなと。「夏の家」は元々，アメリカ開拓期の，ソルト・ボックス・タイプといわれる木造板張り住宅を下敷きにしています。そこで，細長い切妻屋根の木の内部空間の良さを理解してもらわなくちゃと思い，ご夫妻を連れて軽井沢に見に行った。すぐに気に入られた。木を内外に張る，部分的に囲まれた庭をつくることが決まりました。

　素直に，出来るだけ要求を満たした家を考えて，設計を進めていたところ，赤瀬川さんに「せっかく君に頼むんだから，ちょっと変わったことをしてほしい」と言われた。嬉しかったです。それから俄然気合いが入りました（笑）。

　一つは屋根に植物を植えること。もう一つ，玄関前の道路と建物の地盤は，落差があって隙間があるので，そこに跳ね橋を掛けようと提案した。当然，赤瀬川さんは，屋根の植物を嫌うと思った。跳ね橋は，嫌なら架けっぱなしにしておけばいいから。「神長官」の収蔵庫で簡単にできることが判ったし。意外だったのは，跳ね橋を嫌った。「跳ね橋なんかつくると町の人が見に来る」。

GA　ニラも一緒のような気が（笑）。
藤森　そうだよねえ（笑）。

　跳ね橋はやめました。実は，試しにクリ材でつくってみたんですよ。そうしたら，必要な強度を持たせようとすると，滅茶苦茶重くなる。本体がコンクリートなら大丈夫ですが，木造だと，地震で揺れた時に本体の取り付け部を壊

ニラハウス，薪軒　1995-97

玄関と接道を繋ぐブリッジ

西より見る全景。屋根上のニラが花開いている

配置　S=1:600

しちゃう。それでニラに集中した（笑）。

　「タンポポハウス」でタンポポを筋状に植えたが，先にも触れたように強すぎるし，建築との一体化はさほどでもない。ニラは点状に植えた。上手くいったが，問題はメンテナンスで，当時はまだドイツの給水システムがなかったのと，ホースに穴を開けても「タンポポ」と同じく上手くいかない。結局，ニラが根詰まりを起こして，3年ぐらいで花が咲かなくなりました。さらに，秋になるとニラの茎が枯れたまま屋根に散らばる。家が散らかっているようだと奥様が嫌がられる。拾わないといけないので危ない。どうするか考えているところです。

GA　ニラはタンポポより強いと言われていましたが（笑）？

藤森　強いですが，しかし根詰まりすると難しい。毎年植え替えるのも大変だし。最初の頃，ニラが咲いた時は素晴らしかった。夢のような景色でした。

　「ニラハウス」は，植物を除くと，建築としては自信作です。気持ちの良い家になりました。

　ぼくは，いつも屋根をつくりますが，屋根はそんなに形に種類がなくて片流れかピラミッドぐらいしかない。割と上手く行ったと思うのは片流れのものですね。「神長官」と「ニラハウス」と「焼杉ハウス」(2007年) がそうでした。「ニラハウス」は，完全な片流れではないけれど。

GA　それは外観的な意味ですか。

藤森　外観です。プランという意味でもそうです。ピラミッド型は内部が集中して，うっとうしくなってくる。自閉的になるというか。宗教建築にもなってしまう。あまり人間的な建築には求められていないと気づきました。人間が使うものとしては求心性が強くなり過ぎる。

　やっているうちに，自分に向いている形がだんだん判ってくる。でも最後は，求心形のピラミッドで終わりたい

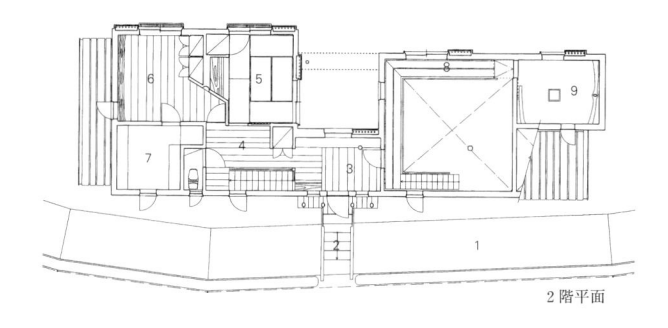

2 階平面

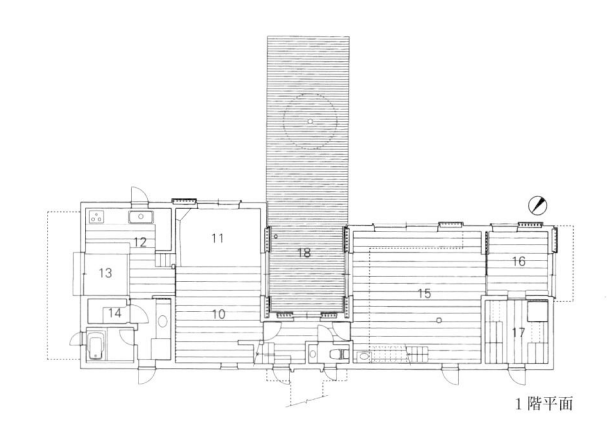

1 階平面

南立面

北立面　S=1:300

1	擁壁
2	ブリッジ
3	玄関
4	ホール
5	和室
6	寝室
7	クローゼット
8	ギャラリー
9	茶室
10	ダイニング
11	茶の間
12	キッチン
13	土間
14	暗室
15	アトリエ
16	書斎
17	書庫
18	デッキ

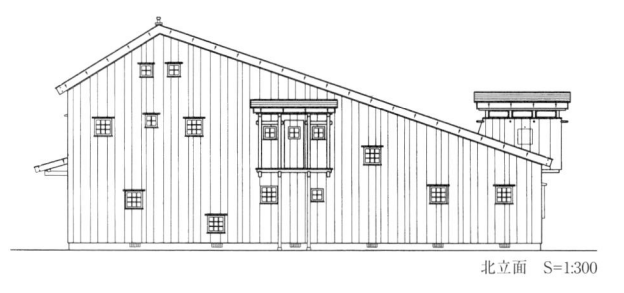

擁壁の芝饅頭とニラが生えた屋根

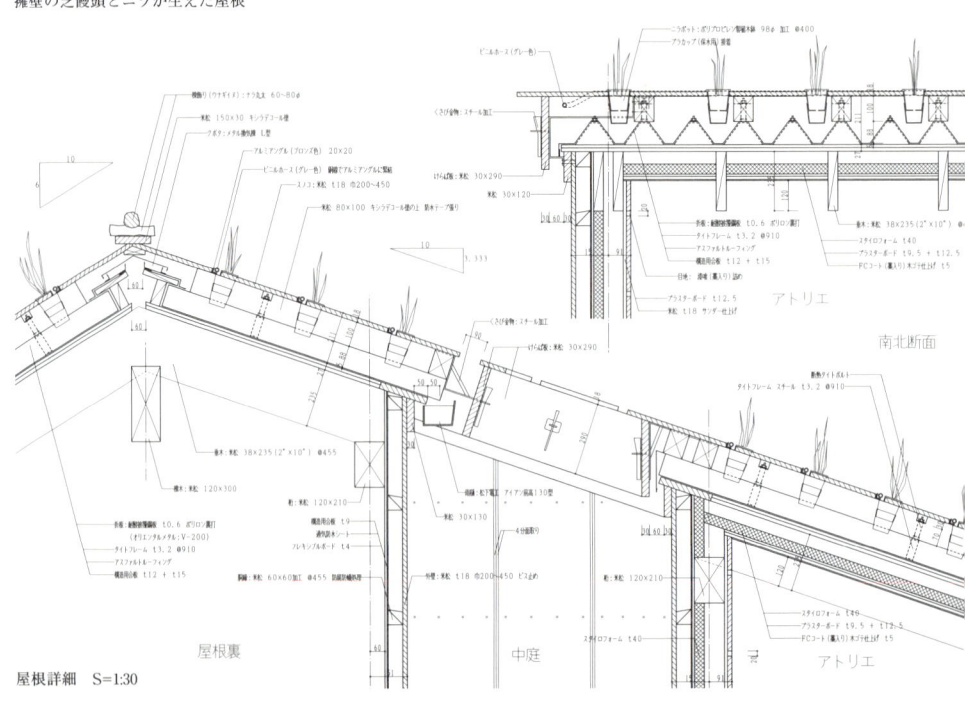

屋根詳細　S=1:30

南東側のデッキ

ダイニングよりデッキ越しにアトリエを見る

デッキ

アトリエ

1	ブリッジ	8	茶室
2	玄関	9	茶の間
3	廊下	10	キッチン
4	猫通路	11	和室
5	テラス	12	寝室
6	アトリエ	13	屋根裏収納
7	書斎		

ギャラリーよりアトリエを見下ろす

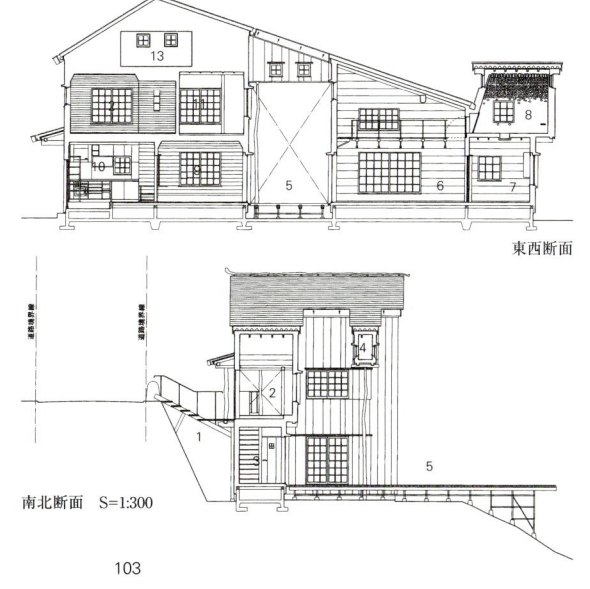

東西断面

南北断面　S=1:300

(笑)。「神長官」は，ピラミッドと片流れが組み合わさっていたのですが，それに後で気づきました。両方好きですが，求心的は神様のもの，片流れは人のものかもしれません。

「ニラハウス」のテーマは，新しい材料を使うことと，植物を使うことの二つでした。新しい材料とは，茶室のヴォールト天井の薪のこと。漆喰壁に薪を埋め込む作業は，この時，まだ名の付いていなかった素人集団，縄文建築団が初めて出動することになります。

茶室「薪軒」

□ニラハウスのこと

茶室「薪軒」。床柱と棚

□ 縄文建築団と素人の建築

GA 路上観察学会のメンバーから派生した縄文建築団によって，常に藤森建築がバックアップされていることは興味深いです。

藤森 縄文建築団が初めて活動したのは，「浜松市秋野不矩美術館」(1997年) でした。「ニラハウス」(1997年) の時も皆さんに手伝ってもらったけど，まだ，意識的ではなかった。

「ニラハウス」では，職人がやってくれない仕事が山のように出てきた。理由は，今までない施工方法なので，見積もりができない。問題が起こったら責任が持てない。だから，できるところまでは準備するから，最終的には「先生が自分でやってください」と業者から言われてしまった。

困って，赤瀬川原平さんに相談したら，友達が手伝うから，自分たちでやってみよう。赤瀬川さんが先生をしている美学校のお弟子さんたちが来る。みんな楽しそうで，やる度に人が増えて行く。赤瀬川さんの人柄が大きかった。

最初に，みんなで竹を切りました。「翌日もやります」と言ったものの，「誰も来ないかな……」と覚悟していたが，翌日もちゃんと来てくれて，さらに，竣工時には，「こういう仕事があったら，また呼んで下さい！」と言われた。

皆が工事をやりたがることは新鮮でした。ぼくは，子供の頃から手でモノをつくることが好きだからやってるけど，普通の人が，興味を示して集まって来るのは驚いた。建設には，「普通の人が喜びを感じる側面があるんだ！」という発見に，目からウロコが落ちる思いでした。

GA 縄文建築団とは，藤森さんが命名したんですか？

藤森 命名したのは赤瀬川さん。「ニラハウス」の茶室の薪を割っていた時に，鉈で割ると断面が綺麗になり過ぎるので，タガネで割った。正確に言うと，タガネは素人には危ないので，タガネに木の柄をまず針金で縛り付けたが，やってるうちに抜けるので，生ゴムで縛り付けて，薪を割った。それを見て，皆で石器時代だって大笑いした。「縄文だ

□縄文建築団と素人の建築

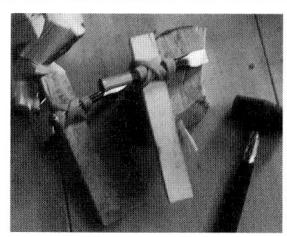

縄文建築団の名前の元になった
原始的な道具

ね」と赤瀬川さんが言ったのが由来。
GA 「不矩美術館」での縄文建築団の役割は？
藤森 道路は建築ではなく土木課の仕事だった。土木課がつくったので、出来合いの木の柵だったのが、気に入らなかった。

展示室の床は、ノコギリで引いたままの白い大理石で、目地は白セメント。工事が終わって管理が市に移った段階で、女性職員が内部に入ったら、ストッキングが表面の粗い白セメントに引っかかってしまった。それまで現場でストッキングなんか履いてる人はいなかったから（笑）。

引き渡しは終わってる。しょうがないので、赤瀬川さんの時に参加した人たちに声を掛けて、白セメントに砥石をかけて削り、さらに、土木課がつくった手すりも変えることにした。

以降、縄文建築団での取り組みを年に1回ほど続けてきて、建設という営みは21世紀の社会において、重要なファクターになると感じてます。建設プロセスの中には、誰もができる仕事があり、役割がある。掃除をしたり、養生をしたりから、高度な工作まで、能力に応じた仕事がある。

現代に、他にそういう産業はありません。航空産業や電子産業では到底無理。ビスが一個余っちゃったら……。

もう一つ大事なのは、自分の仕事がどういうプロセスの一環なのか、一目で判る。養生をきちんとしないと、汚れてやり直さなくてはならない。自分のつくった御飯が皆を元気にする。全ての作業はとてもシンプルで、全体の中での意味が一目で判る。建築をつくるということが持っている重要な性格だと思います。

作業が終わったら、飲んだり食ったりして、お祭り的な感じにもなる。縄文建築団の楽しみの一つは宴会なんです。宴会をやってみてびっくりしましたが、初めて会った人も、一緒に工事をしたらすぐに仲良くなる。つまり、建設は祝

祭性を持っている唯一の産業だと思う。他に聞いたことある？

GA　強いて言えば，農業くらいでしょうか。

藤森　そうだね。
　縄文建築団は，体力的にはシンドイ。スポーツや山登りに近い。でも，大変だけど，達成する喜びがある。また次もやりたいと思う。

GA　縄文建築団の活動とデザインは関係しているのでしょうか。

藤森　判りません。メンバーに何か指摘された覚えもない。上手く言語化してくれると記憶に残るのだけど……。

GA　縄文建築団が魅力的に見えるのは，普通の人がモノづくりに飢えているという，現代的なジレンマがあるのかもしれませんね。一方では，建築や建設に携わる人が，「自分たちはプロフェッショナルで，特殊な存在だ」と囲い込んでしまっている。

藤森　具体的には，法律的な問題もあると思います。素人が建築現場で怪我でもしたら，労働基準法上，大変なことになる。もちろん，ぼくが手伝ってもらう時は，危ない場所に入らないように，危ない工事の過程には参加しないように，細心の注意を払います。

　素人は今でも「大工仕事」をやり続けているんですよ。ぼくは素人がつくるものに，とても興味があります。中でも，技術に関わる人がつくるものはレベルが高い。例えば，「ワッツ・タワー」（1921〜54年）をつくったサイモン・ロディアは，鉱山の電気技師だった。鉱山では，建築系の仕事も，機械系の仕事も，全てできなくてはならない。「ワッツ・タワー」は素人のモノのように思われているけど，ガウディにも並ぶ，れっきとした建築だと思う。

　一方で，郵便局のおじさんがつくった，「シュヴァルの理想宮」（1879〜1912年）。これも，素人の名作だとされているけ

縄文建築団，活動の様子

竹を切る

ニラハウスの屋根に
ニラを植える

□縄文建築団と素人の建築

ど、郵便配達夫であるフェルディナン・シュヴァルには、技術の感覚がない。ただ装飾的にくっつけていくだけ。

　素人のつくるものの多くは、技術の感覚が欠けていて、面白いんだけど、自分の建築は違うものでありたいと思っています。でも、人気があるのは圧倒的に「シュヴァル」。世界遺産ですからね。現代だとフンデルトヴァッサー。

　本当は建築界の人が、自分でつくることをもっとやった方がいい。かなり良いものができると思う。そんなに難しいことではありません。

GA　そうですか……？

藤森　その気さえあれば。アメリカの大学では、デザインビルドという教育がとても盛んです。ぼくが見たのは、ユタ大学のカリキュラムで、2年間掛けて、住宅を学生がデザインして施工する。州政府が、インディアンに住宅を与えるための予算を付ける。その予算で、大学生が授業で家をつくるという仕組みでした。

　環境系の学生は、太陽光の活用について考えるし、構造系の学生は構造計算をする。施主であるインディアンと折衝することから、近代以前の人間の暮らし方についても学んでいく。とてもアメリカらしくて、西部開拓を自分たちの手でやった伝統を感じます。

GA　アメリカでは、建設のシステムが明解ですよね。1830年代のバルーン・フレームなどが原型となって、ツーバイフォーの技術が発展した。最初から素人がつくられるようにできている。

藤森　もともと、素人しかいなかったからね。

GA　今だに素人しかいないですけど（笑）。

藤森　少なくとも、中南部から西側は、素人が施工するという伝統が強いですね。フランク・ゲーリーの自邸も、ほとんど自分でつくったようなデザイン。

　日本でも、デザインビルドをやればいいと思う。ちょっ

焼杉づくり

ニラハウスの屋根に
給水ホースを取り付ける

と地方に行けば，土地なんていくらでも空いているし。学生たちにとっても，施工は興味深い。学生たちに，縄文建築団として手伝ってもらうこともあるけど，面白がってやっています。

GA 藤森さんもまだ，学校にいらっしゃるわけだから，チャレンジされればいいのではないですか？ 特に工学院大学は，実務的な教育にも熱心だし，やりやすいのではないかと思います。

藤森 提案すればできるかもしれないね。

　結局，身体の感覚と建築がちゃんとつながっていないといいものができない。コンピュータがいくら発達しても，最後は現場です。もう一つ，建築産業の最大のお金は，現場で使われている。大きな建物では，設計がいかに大事なものでも，数パーセントのお金にしかならない。そういう実態を鑑みても，施工について教育しなくてはならないです。

　施工についてきちんと考えようという建築家は，実はたくさんいて，石山修武さんや象設計集団が積極的に考えている。彼らの動きについて，親しく見てきました。特に石山さんは，尊敬するところでもあるが，現代の建設体制と根本から戦おうとする。アメリカの木造の大工を材料と一緒に呼んできてつくったり，建築資材を自分で流通させたり……。「根本」に喧嘩を売るのは，大変なことなんです。結局，満身創痍，連戦連敗。

　根本から建築のあり方を変えたいという彼らを反面教師として，ぼくにはそれはできない。根本から変えるのは，難しい。

GA 建築になる前に，エネルギーが尽きてしまう。

藤森 始める前から，挫折の痛みが先に来てしまう。ぼくがやれるのは茶室程度。そして，仕上げのみ。幼なじみの製材所，大工さん，左官，クレーン屋さん……。そういう

プロの友達が困った時は来てやってくれる（笑）。

　難しいことや危険なことをプロの人たちにやってもらうことによって，素人の手で建築をつくることを現実化している。

GA　しかし，たとえ手助けをお願いしたいと思っても，通常，業者はやってくれないと思うのです。

藤森　そうそう。それを感じたのは，「タンポポハウス」(1995年) をつくった時に，ぼくが山に行って切った木を，なじみの製材所で製材してもらいたいと提案した。白石建設という中堅の工務店にお願いしていましたが，彼らには取引のある製材所が既にある。信用問題もありますから，取引業者は何処でもいいわけではない。

　取引業者の選定基準みたいなものがあるらしくて，製材所の見学と打ち合わせに，白石建設の常務，現場監督，協働設計者の内田祥士くんの3人が茅野まで来た。どう考えても，製材にかかる総額より，3人の旅費と人件費の方が遙かに高い（笑）。

　実際にやろうとすると，そんなやり取りが必要になるんでしょうね。今のぼくの場合，電話一本でいいし，お互いの信頼関係もばっちりだから（笑）。

　今の日本でも，住宅程度だったら，業者と組んで自分たちでやることは可能なはずです。少なくとも茶室程度ならできる。

浜松市秋野不矩美術館
1995-97

配置　S=1:4000

東より入口方向を見る

南東立面　S=1:500

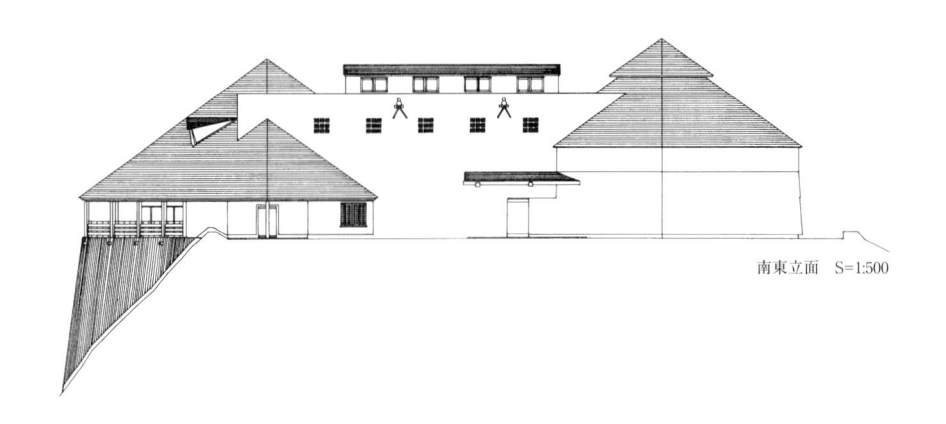

南西より第1ホールのヴォリュームを見上げる

アプローチより南側ファサードを見る

2 階平面

1 階平面　S=1:500

1　入口
2　第1ホール
3　ギャラリー
4　主展示室
5　第2ホール
6　企画展示室

入口より主展示室のヴォリュームを見る

断面　S=1:500

1　主展示室
2　第2ホール
3　ギャラリー
4　企画展示室

第1ホール

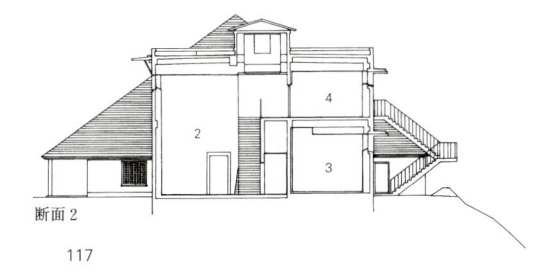

断面2

□ 構造と形——秋野不矩美術館のこと

藤森 秋野不矩さんのご子息の等さんは,陶芸家でお寺の住職で,元々,路上観察学会の関係で知っていた。赤瀬川さんは,前衛芸術をやっていた頃から,等さんの奥さんの井上章子さんと親しくされていて,ずっと付き合いがあった。

秋野不矩さんの美術館を天竜市(当時)がつくることになった時に,不矩さんご自身が建物をいろいろ見歩いたようです。どれも気に入らなかった。「神長官守矢史料館」(1991年)を見て,その場で,「これがいい」と言われたらしい。それで,ぼくのところに話が来た。赤瀬川筋で来た話で,路上観察の付き合いがなかったら,ぼくは,田舎の博物館と自邸という,相当変なものだけつくって終わっていたでしょうね(笑)。

秋野さんの時は,工事はスムーズに進んだが,その前に案を巡っては不矩さんと相当揉めた。

敷地として,尾根と谷が与えられてた。ぼくは,谷間に

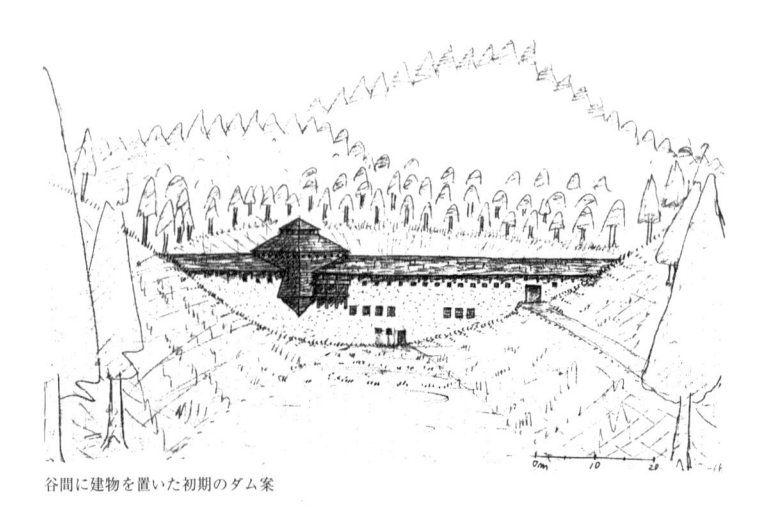

谷間に建物を置いた初期のダム案

□構造と形——秋野不矩美術館のこと

ダム状に建築をつくりたかった。建築と違う土木の許認可が必要になるが，県としては，やってもいいんじゃないかという判断だった。不矩さんは，最初に案をお見せした時はすごく面白がってくれたが，一緒に現地を見に行ったら，どんどん表情が変わっていった。

谷間に水がちょろちょろ流れていて，木が鬱蒼としてヤブ蚊が飛び交う，暗い雰囲気でした。杉の木々の隙間に青空が見えるような場所。ダムをつくり，その上に展示室が並ぶ。ダムの水に当たるところには土を埋めて芝生を植える。ダムと建築が一体化したようなもの。ぼくはその案が気に入って，現地で不矩さんに説明をするが，不満そうだった。最後に「こんな湿ったところは嫌だ。私はこんなところに埋められたくない」と言われた。

二人の合意が成らず，半年ぐらい案が決まりません。ぼくは，不矩さんの発言を聞いて，絵描きにとって美術館とは自分のお墓なんだと知った。死んだ後も自分の魂がずっとそこに眠っている。「こんなところに埋められたくない」と思っている魂を無理に埋めるわけにはいかない。考え直して，尾根の上につくることにして，今の案になった。

尾根の上に建物を置いた最終案

第1ホール

2階企画展示室に平行した通路。壁面展示も可能

1階片面展示のギャラリー

尾根に変えて以降は，不矩さんからは一切要求がないし，市側が不矩さんに尋ねても「藤森さんにお任せします」とのことで，本当に自由にやらせてもらいました。市の人たちもものすごく協力的だった。
　結果的に上手くいったし，考えてみれば，今まで施主に腹が立ったとか，変なことを言われたという経験はないです。

GA　仕事の依頼が来る時点で，すでに特化されているからでしょうね。つくるもののイメージも強いし。

藤森　そうなんですね。助かってます。
　出来た建物は，基本的には満足していますが，今でもどうしても気に入ってない部分がある。中央の長方形の部分と右手の真四角の主展示室が取り付くところ。その突き合わせがどうしても上手くいかない。左手の突き合わせは上手くいったんだけど。今でも，どうすればよかったか判らない。この時，思った。コルビュジエを呼んできてやらせようか（笑）。コルビュジエなら何かやってみせたって気がする。ああいう体験は嫌だよね（笑）。誰か他の人ならできるに違いない。でも自分では思いつかない。
　例えば，コルビュジエは，雨樋を壁の外に付き出してしまったりする。あんなことは，ゴシック時代にはあったとしても近代では誰もやらない。でも，コルビュジエは，造形として上手く処理できてしまう。ちょっとした工夫で上手くいくかどうか分かれる。

GA　真四角の主展示室は，コンクリートの箱の部分で，それと木造のエレメントがぶつかっている。その時にどう考えますか？　木造的な思考と寸法でデザインが決まっているように思えるのですが，コンクリートと付き合わせる時は，やはり木造的な思考が優先されるのですか？

藤森　質問されて気づいたが，コンクリート構造と木造をどう合わせるかはあまり考えてないですね。その辺から考

□構造と形——秋野不矩美術館のこと

えていかないと，ケリが付かなかったのかもしれない。

確かに，コンクリートと木造が混じっていて，柱と梁は木で，壁はコンクリートなんです。構造力学上も合理的で，表現にも直接，形として現れていた。「神長官」も自宅の「タンポポハウス」も混構造でした。それは無意識でしていたことで，おそらく構造と表現という問題にまだ関心が向かっていないんだろうな。

共同設計者の内田祥士くんは，その辺をすごく苦労したんだと思う。コンクリートと木を付き合わせる時，「不矩美術館」では梁を見せていますが，ぼくはその後見せなくなります。彼はそれがすごく嫌だったみたい。構造を表現として見せるのは，20世紀建築の大原則の一つですが，ぼくはこだわりがない。

「不矩美術館」で，壁はコンクリート，柱と梁は木としていたのは実用的な問題から決めていたことで，表現としては考えていなかった。これが上手くいったのは，柱がシンボリックに見えていたからかもしれない。

GA そして，コンクリートをコンクリートとして見せてはいないですよね？

藤森 そう，土か漆喰を塗ったりして。コンクリートに塗った土はわりと素直です。木の大壁に塗ったのとは違う。鉱物系のコンクリートに同じ鉱物系のものを塗るわけで。

構造は実用的にして，仕上げは別という気持ちは最初からありましたし，今も変わらない。しかし，構造と形については，ちゃんと考えなきゃいけないというのは，今，言われて思いました。それはきっと「不矩美術館」の右側の突き合わせの悪さと深く関係している。あの外観の突き合わせは，唐突な感じがしたんです。

内部はすごく気に入っています。日本で一番綺麗な展示空間ではないかと思ったぐらい。イタリアの美術館研究者が光の分布を測定しに来て，彼が見た中では一番いいとい

1階主展示室。正面の絵は「オリッサの寺院」。展示室の大きさに合わせて新たに描かれた

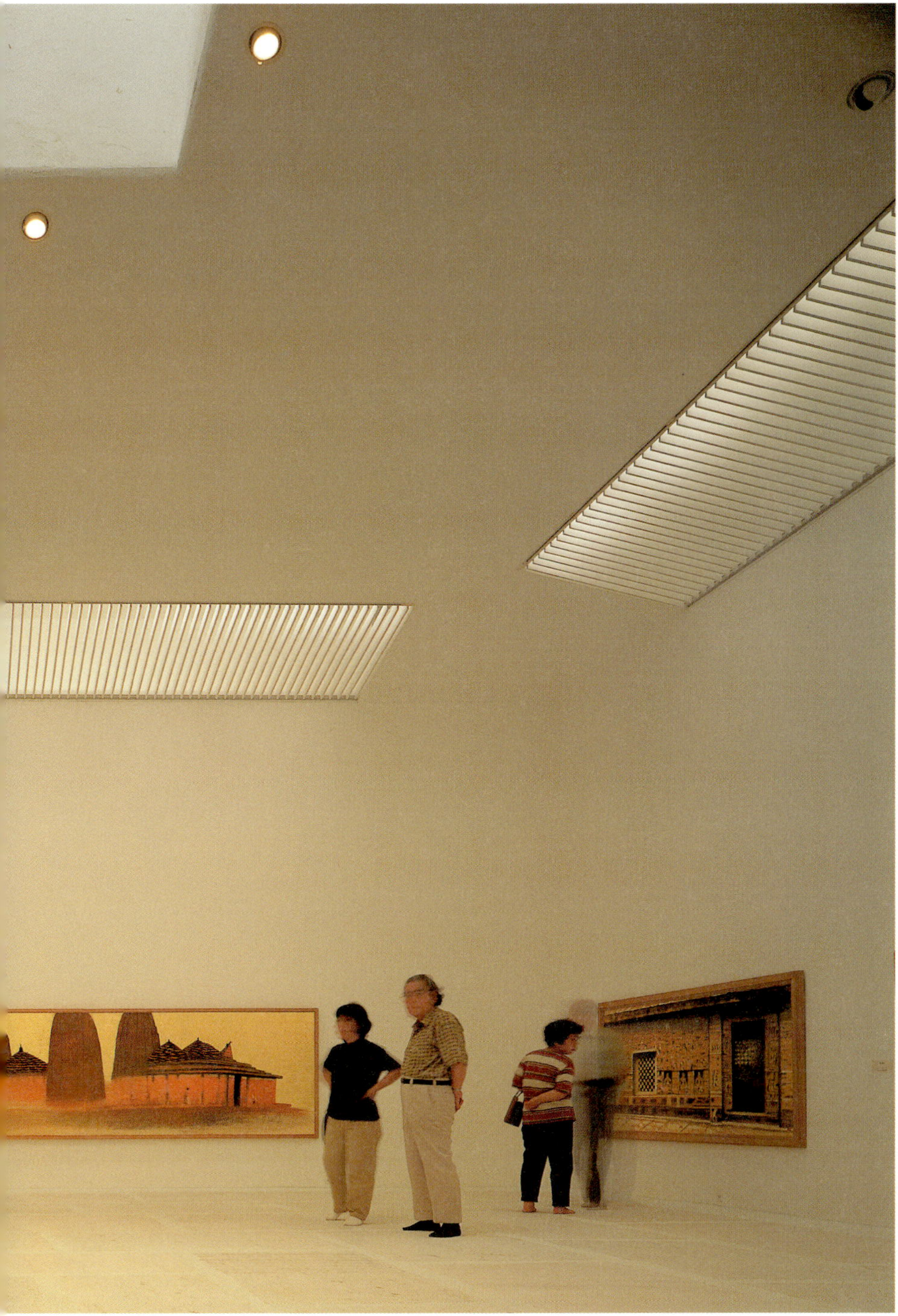

う話でした。

　まず，光源が一切見えない。これは内田くんが努力してくれたが，トップライトの部分は，木のルーバーにペンキを塗っています。普通，ルーバーは金属ですからどうしても金属っぽく反射するが，木だと，効果は漆喰と同じ。

　もう一つ，意外だったのは，床を白くしたので光が乱反射する。美術館の場合，壁は白くできても床はできない。汚れますから。でもここでは靴を脱ぐことにして，白くした。美術館に入った時，日常から離れて気持ちを改めたかった。最初，真っ裸で入る美術館にしたいと思ったぐらい。最大の開放感がありますよ。ただ，目が違う方へ向いてしまうという問題はありますが（笑）。靴だけでも脱いでもらおうと。最初はすごく反対がありました。

　まず入口が杉板。次は籐のゴザ，最後の主展示室は白大理石。外国の美術館に行くと，授業なのか子供たちが座って先生の話を聞きながら，後ろを一般の来場者が通る。靴でも座るんだから，脱いだ方がもっといいんじゃないか。

　世界の美術館で初めて，肌触りのいい材料を床に使えたんです。床を白くすることで，これほど光の乱反射の効果があるとは思わなかった。入り隅の線が全部消える。影が一切消える。絵の額の影も。一瞬，白い空中に絵が浮いて見える。

GA　上から下から横から，光が完全に廻るのですね。
藤森　そうです。巨大なレフ板の中に入ったみたいなもの。乱反射の光量が多すぎて，トップライトは一つ潰した。

　美術館の人がえらく喜んでいるのは，管理がすごく楽。靴を脱いでいるせいで埃が入らない。絵の敵は，紫外線はもちろんですが埃です。額にガラスを填めるのを嫌う絵描きさんはたくさんいる。特に日本画の場合，岩絵の具に埃が付くと洗うこともできないので，その点もいい。

GA　絵は座って観ることを想定しているのですか。

□構造と形——秋野不矩美術館のこと

藤森 座って観るぐらいでちょうどいい高さです。不矩さん自身，背が低い。だから不矩さんが展示の指示をすると位置が低くなる。普通の人にとっては座って観るくらいの目線になる。座って観るとすごく気持ちがいいです。

　主展示室の12メートルという幅は，不矩さんの一番大きな幅6メートルの名作「渡河」に合わせてつくりました。たまたま工事中に不矩さんが見に来て，「渡河」では壁面に対して小さすぎると思われたらしい。ぼくには何も言わなかったが，その日から大作を描き始めたそうです。

　今ではその絵「オリッサの寺院」が掛かっています。幸せでした。建物を見て，その一番メインの場所に合わせて創作してくれたんだから。

□ 職人との関係,共同設計者との関係

藤森 設計をするようになって,幼い頃に職人と接した経験が,決定的に大きかったことに気づきました。
GA 具体的には?
藤森 ある時,共同設計者の大嶋信道くんに「先生は職人を尊敬していないんですね!」と言われた。びっくりして,「職人なんて,誰が尊敬するか!」と言いました。尊敬するということは,自分と職人との間を分けているということです。違う職種だという認識が全くないから,自分で自分を尊敬するようなもんです(笑)。

職人は,時に,ぼくに噛み付いてきます。普通の建築家に対する扱いとは違いますよ(笑)。逆に,すぐ仲良くなっちゃうから,おやつを「食べろ」と渡されたり(笑)。より合理的なつくり方についても,どんどん教えてくれる不思議な関係です。

職人を怒らせてしまったこともあります。「タンポポハウス」(1995年)の施工時に,職人が「明日から来ない!」と怒って帰ってしまった。というのも,左官が塗った壁が綺麗

2001年7月1日,「不東庵工房」の現場にて

□職人との関係，共同設計者との関係

すぎたので，ほうきで表面をざらざらにしたの。せっかく綺麗に塗ったのに，そんなことされたものだから，当然怒るよね。

ぼくも反省して，翌日来てもらって，「私は，フラットに綺麗に塗られているのは好きではないので，コテ跡を残してほしい」とお願いした。「最初からそう言ってもらえればやります」と和解できた。職人からすれば，施主兼設計者で，大学の先生でもある人が来て，現場に勝手に手出しをする。ぼくは，悪気はなかったけれど……。

そんな経験があったので，「秋野不矩美術館」(1997年) の時は，職人さんにコテ跡を残してほしいと，予めお願いした。「ぼくの理想は，素人が一生懸命やるか，プロがいい加減にやったぐらいのちょうど境目がいいんだ」と。そしたら，キョトンとされちゃって……（笑）。施工は大林組の名古屋で，トヨタの工場の床を塗っている最高の職人さんが来てくれていた。「藤森は現場にうるさいらしい」から（笑）。工場では，床がフラットでないと誤差が出てしまうし，水洗いの必要もある。腕のいい左官が塗らないと工場が成り立たない。

「ぼくはこういう風にしたい」と自分で切った藁を混ぜて手本を見せた。設計者が自分で壁を塗ることにびっくりしたみたいでした。彼は「それなら，こうやったらもっと先生の好みになるよ」とより好ましく仕上げてくれた。腕が良いから，荒らし方も知っている。知識も腕も圧倒的に違う。素人はどこも同じ調子で凸凹になるが，プロは広い面は大きく塗って，隅は小さく凸凹にする。その方がずっといい面が生まれる。

左官には後で，「職人に，素人っぽく下手に塗れっていうのは止めた方がいいよ」と言われた。「先生，いい加減な原稿書いてくれって言われてやる気するか？」（笑）。さらに，「自分が若い頃，親方に絶対やっちゃダメだっていうことを

やると先生が喜ぶ」(笑)。

「不矩美術館」の時は，左官は現場に小屋をつくってました。大工は下仕事は自分の作業場でしてくるけど，左官は水仕事なので，運ぶと乾いてしまうからね。現場に行くとその小屋に「来い，来い」って招き入れて，成果を見せてくれたり，新しい材料があると教えてくれた。ぼくが学者的な知識を話すと「ほう，そうか」って感心していた。そういうコミュニケーションで仲良くなっていく。

現場に行くと，ぼくは職人さんと「同類」になる。それがないと現場に行く楽しみがない(笑)。

GA 左官仕事は，仕上げとしての耐用年数はどれくらいですか？

藤森 コーキングやタイルの目地の劣化と，時間的にはあまり変わらないと思います。メンテナンスしなくて済むように丈夫につくるというのは一つのやり方ですが，左官は，単純な技術なので，直しやすい。工業製品の場合は，直したくても同じ製品がないこともあるからね。

GA 「不矩美術館」の共同設計者は内田祥士さんですね？大嶋さんとどのように区別しているのですか？

藤森 大きく分けて，コンクリート系は内田くんで，木造が大嶋くんと結果的には分かれてきた。最近は，同じく研究室OBの速水清孝くんに手伝ってもらったり，地方の仕事は地元の建築家にやってもらってます。

内田くんは5年間，増沢洵さんの事務所にいて，ぼくの研究室に来た人だから，実務経験が豊富で，現場監理もとにかく厳しい。例えば，現場に資材が届いて，地面に直接置かれたものは全部持ち帰らせる。現場で地面に直接置いてあるものはゴミであると，増沢事務所で叩き込まれたそうです。現場は建築家にとって聖なるもの。だから，縄文建築団＝素人が現場をうろうろするのは抵抗があるようだし，工事の後の宴会も嫌みたい……。

□職人との関係，共同設計者との関係

　ヨーロッパでは，同じ設計事務所の中でもアーキテクトとドラフトマンの職務が明解に分かれている。建築家が一番上というのは20世紀建築の理想かもしれない。内田くんを見ていて，20世紀建築の正当な筋がどういうものかよく判りました。レーモンド—増沢という，日本におけるモダニズム街道をストレートに歩いてきて，前川國男に対する共感もすごい。

　だけど，本当に「聖なるもの」には，祝祭は付きものです。

　内田くんを見ていると，20世紀の正統な筋は，建築というものが本来含んでいた色んなものを排除して成立してきたことがよく判る。ぼくは前川さんに訊いてみたい。現場って本当にそういうものかって。建築家にとってはそうかもしれないけど，人間にとってはどうなのか。もしそれを本当に貫くと，20世紀の建築の現場は建築家だけのものになりはしないか。建築が出来上がるための労力は，圧倒的に建築家以外の労力なんですよ。

GA　そんなに違う考え方で，よく組めましたね（笑）。

藤森　まあ，ぼくの学生だったから（笑）。内田くんも，自分の建築観を客観視する経験ができたと思います。監理は大変なんで……。一切，任せてます。

GA　そういう実務との距離の取り方は，かなりメリットがあるでしょうね。

藤森　自分の関心のあるところ以外は口を出さないですから（笑）。お金のことも共同設計者がやる。極端に言えば，私が基本設計をして図面を渡して，少しやりとりをする。実施設計はお任せして，チェックだけする。起工式には行きますが，その後は，仕上げの段階までほとんど行きません。行ったって判らない（笑）。

GA　現場で何か決めるのも，最終的な仕上げの時だけですか？

藤森 そう。少なくとも，構造が仕上がらないとね。

GA 空間量や床の大きさはあまり気にならない？

藤森 だって変えられないじゃない（笑）。

GA そうですが……（笑）。例えば，ルイス・バラガンは現場にやって来て，壁の位置を10センチ動かせって言ったらしい。

藤森 村野藤吾さんが，デパートの打ち上がった階段を上から全部壊したとか（笑）。階段のコンクリートを打つのは一番大変なのに。

GA 水澤工務店は，吉田五十八さんに見せる時，フェイクの柱を立てて変えられるようにしていたと聞きます。「どうせ変わるから」って（笑）。

藤森 ぼくは，躯体が打ち上がったものを壊すことはない。気に入らない時はそれに合わせて別な方向を探します。

　ただ家内は……，「タンポポハウス」(1995年) の時に，台所の窓の位置が，家内が指示したより10センチ上がっていたらしい。家内は「絶対に壁を削れ」と譲らなかった。壁構造だから削ると壊れる可能性があると説明しても，「それでも構わない」と。内田くんも困ってました。ぼくは近づかないようにしてましたけど（笑）。

　後の話ですが，一度だけ，「コールハウス」(SUMIKA Project, 2008年) の時，小さな茶室のにじり口が，ぼくの指示通りでは大き過ぎたんです。「ちょっと大きすぎるなあ。これくらい小さい方がいいんだけどなあ」ってつぶやいて帰ったら，職人が全部直してました。ぼくも巨匠になったもんだね（笑）。

GA 例えば，展示室のプロポーションは，人によってはすごくデリケートな問題ですが，気になりませんか？

藤森 それはね，ぼくはウソじゃないかと思ってる（笑）。そういう話はよく聞くんです。一番古い話では，武田五一が第二次世界大戦中，法隆寺の修理をした時。棟瓦の高さ

がちょっと低いから，ちょっと上げた方がいいと現場で指示をした。現場監督が「一寸上げる」と図面に書いたらしい。そうしたら職人が1寸だけ上げた。「ちょっと」と1寸を間違えたらしい（笑）。1寸上げたって，見た目には判んないよ。

人間の目は，実際の建物を図面のように立面的に見ることはできない。下から見れば上は小さく見える。人間の目は見上げには弱い。プロポーションは，図面の段階では不確定要素なんです。だから，細かく言ってもしょうがない。

GA ぼくが写真を撮る時，事前に図面を見ていますが，「図面通りがいいのか」「見た通りがいいのか」と悩む時がある。図面がカッコいい場合と見たままがハンサムな場合があるんです。

藤森 ぼくが気にしているのは，目に近い位置にあるものですね。軒とか入口の幅とか。ただそれだって，自分の寸法です。使う人は違う人ですから。

GA フランク・ロイド・ライトの住宅の天井はとても低いですが，それは自分の身長で決めていたからです。住宅のクライアントのおじいさんは，すごく背の高い人だったりして，かがんで玄関を入るわけです。そこまでしてライトの家に住みたいのかと思いました（笑）。

藤森 本当にプロポーションに対して敏感な建築家はいると思います。自分は敏感ではないので，深入りしないようにしている。例えば，色についても苦手だから，付けたことがない。自然素材の色と，ペンキを使う時の白だけ。苦手には近づかないようにしてる（笑）。

□ 材料を生かす手腕

藤森 「熊本県立農業大学校学生寮」(2000年)では,木造が大前提で,木を使うことがテーマだったので,色々と考えた。熊本県の人と木を見て廻った。杉がたくさん置いてあって,県の人は自慢する。ものすごく柔らかい杉で……。ぼくはかじって,「これは木じゃない,野菜だ」と本気で怒鳴ってやろうかと思った(笑)。やらなくてよかったが,腹が立ちました。熊本は暖かいので,東日本の杉よりもずっと成長が早いから,スカスカになってしまう。そういうのは使えない。県の木を使うのは大前提だから,使えるものを色々探して,工夫しながら使うことにしました。

　木の自然な曲がりを,そのまま活かすことはできないかと,ずっと考えていました。「秋野不矩美術館」(1997年)の工事の時,製材所に行ったら,大工さんが波打った変な仕上げをした松丸太をトラックで運んでるのを目撃した。どうやったらそんな仕上げが出来るのかと尋ねたら,曲面ガンナという,大工なら皆持っている道具があると教えてくれた。日本特有の道具で,社寺建築等で,軒の反りを出す時に使うそうなんです。

　「熊本」の食堂などには県産材の赤松を多く使ったが,針葉樹とはいえ,完全に真っ直ぐではなく,曲がっている。その曲がりを活かすために,太鼓落としにして,曲面ガンナで挽くことを思いついた。曲面ガンナはどんなストロークも出せる。むしろ鉋より好みに合う。美学的にも,自然な感じと人工的な感じのバランスが一番良い。それ以降,ほとんど太鼓落としの曲面ガンナ掛けを採用しています。

　食堂は200人が一同に食事をする大空間で,柱を滅茶苦茶たくさん立てようと思いました。普通,大空間であれば,柱を無くすのが建築家の喜びだが,そんな必要性は全くない。

　その時初めて,空間をつくる上で,自分が柱に興味があることに気づいた。木造の場合,柱があれば,当然,梁も

熊本県立農業大学校学生寮,2000年

□材料を生かす手腕

ある。斜材が付くこともある。でも，柱だけが大切で，それ以外の構造体は見えない方がいいと初めて思った。

「不矩美術館」のホールには屋根を支える木の柱と梁が見えているが，梁が木のスーッと上に伸びていく力を，邪魔している。内田祥士くんはモダニストだから，構造を露出させることは当然だと考えたのだと思う。

「熊本」では，天井を張って水平材を隠した。すると，柱が白い天井の中に消えていく。すごくいいなと思った。見学に来た伊東豊雄さんは，構造の隠蔽にすぐ気づいた。自分ではそれほど珍しいことだとは思っていなかったけど，「こんなことする奴はいないぞ」と言われて，自分の独立柱好きに気づいた。

GA 建築家が木造を考える場合，梁を見せたいと思うのが一般的な心理ですよね。

藤森 古い民家に行くと，柱が立っていて，曲がった梁が載っている。でも，自分がやっても，絶対に，飛騨の「吉村家」の小屋組以上にはならない。それを歴史家として，知っている。同じようにやったとしても，二川幸夫さんに「この程度か」と言われるのは判りきっている（笑）。

どうやったら，あのレベルを超えられるのか思いつかない。柱梁を表現する上手い美学が見つからない。

GA 梁を意識的に見せない方が，柱の抽象度が強くなるし，林のような独自性が高まるんじゃないですか？

藤森 その通りです。だけど，梁を見せないで「木のガウディ」はできないだろうから……。

昔，石山修武さんが，うちの山の木を使いたいというので，一緒に山に入ったことがある。その時，「どっちが先に木のガウディをつくるか」という話になった。それで二人で曲がった木を探しまくった。彼は，当時設計していた木造の住宅で，うちの山から伐り出した木を釿ではつったりして，工夫を凝らしたようです。その時，ちょっと心配に

思った。釿ではつるのは，ものすごく手間がかかる。腕の良い大工じゃないとダメだし，若い職人はもうできない。古いやり方は，今や，最高の技術です。

そうやって木造の凝った技術を用いるのは，石山さんがバラック的な建築をもうやりたくないからかな，と思った。バラック的なものを，お金も手間もかけて別のものに仕立て上げたかったのではないか。そうすれば，ガウディ的な建築へと近づく。

ぼくは石山さんの建築が好きで，彼と同世代で良かった。きっと，ぼくらの世代は皆思ってますよ。石山さんと一緒でどれだけ活力をもらったか。

GA 仲良くなるために，喧嘩をする人ですからね（笑）。

藤森 それで親密になる（笑）。

同世代の建築家も，浮き沈みがあることを，ぼくは商売柄，客観的に見てきた。ランクが上がる人もいれば，下がる人もいる。世界的な建築家になるかどうかの境目の時期は皆にあって，到達できたのは，同世代では，伊東さんと，安藤忠雄さんぐらいかなあ。

あまり語られてないが，1970年代，その後の建築界を席巻する本当に大事なことは，石山さんが開発した。例えば，パンチングメタル。伊東さんに，どうしてパンチングメタルを使うのか訊いたら，「石山（の影響）だよ」と言ってた。妹島和世さんの「梅林の家」(2004年)の鉄板構造も最初は石山さん。伊東さんの「せんだいメディアテーク」(2001年)で，薄い鉄板スラブと鋼管柱を溶接したのは，石山さんが探してきた造船技術だし，彼が紹介した髙橋工業だった。彼が初めて建築界に造船技術を導入した。日本の現代建築を一つ特徴づける鉄板構造は，石山さんが基です。漆喰にしても，石山さん以降，建築家が多用するようになった。同時に，鉄板構造も漆喰技術も伸びるようになる。

二川幸夫さんは，石山さんの「ひろしまハウス」(2006年)

□材料を生かす手腕

石山修武：ひろしまハウス

が素晴らしくて涙が出たと言っていた。石山さんの不幸は，いつも普通の人が見れないところで名作をつくるんです（笑）。傑作は，「幻庵」(1975年)，「伊豆の長八美術館」(1984年)，「リアスアーク美術館」(1994年)，「ひろしまハウス」。どれも行きにくい。

　石山さんは，一つの材料に対して一つの傑作をつくってきた。鉄は，「幻庵」と「リアスアーク」。土は「長八美術館」。コンクリートは「ひろしまハウス」。後は，木が残っているだけ。日本では，木の傑作が一番つくりやすいはずなんだけど（笑）。

　一つの材料に対して一つの傑作をつくるのは，すごいことです。安藤さんは，コンクリートでしか成し得てない。石山さんは技術を造形化する，天才を持っている。その試みは多くの人に影響を与えた。石山修武の名言は「表現は技術を刺激する」です。

不東庵工房　2001

垣根越しに窯場を見る

平面　S=1:200

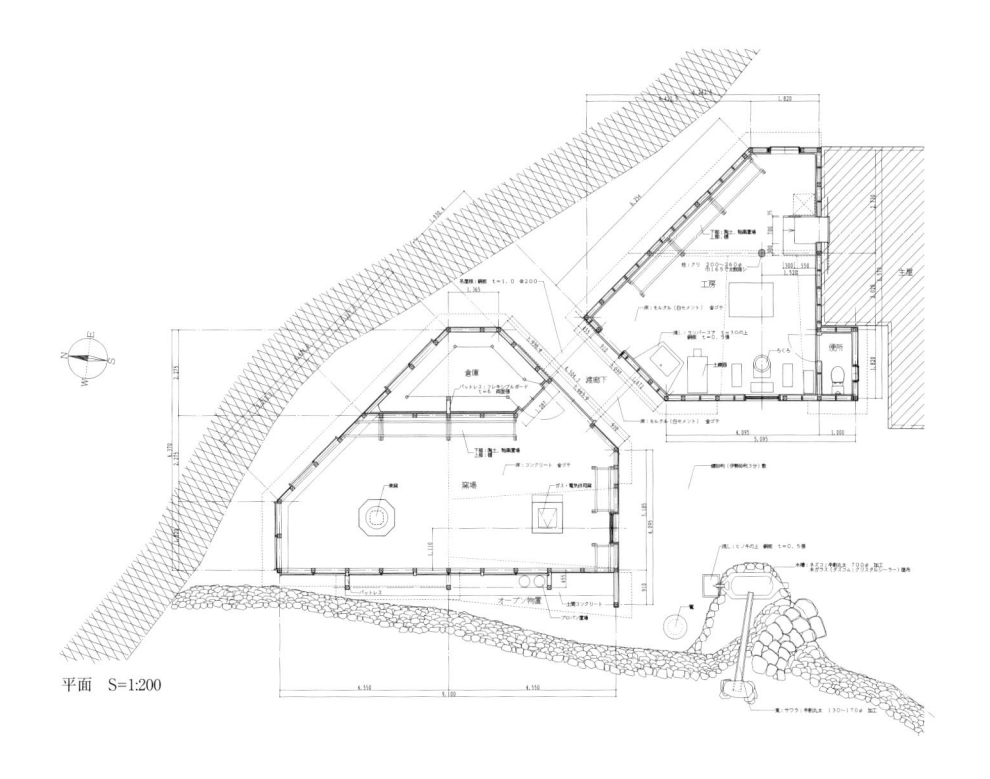

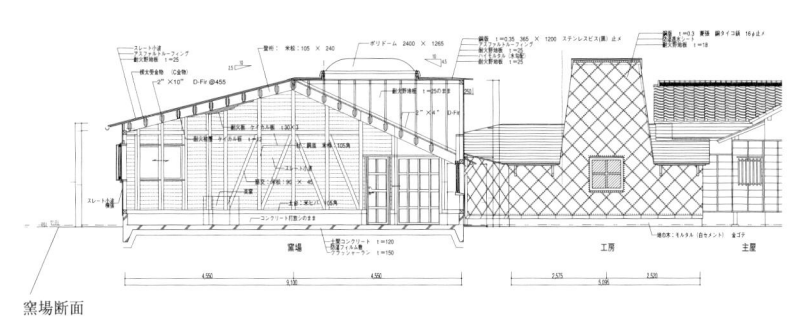

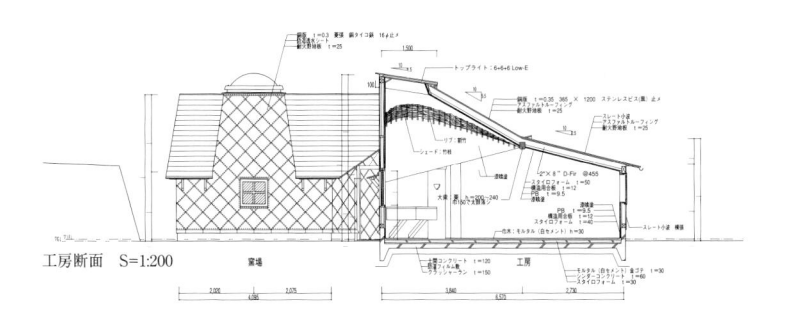

窯場断面

工房断面　S=1:200

工房。左奥へ進むと主屋へ導かれる

◁南より見る。左が窯場で右が工房

工房の吹抜け

□ 施主に選ばれ，施主を選ぶ——依頼主との関係

□細川護煕—「不東庵工房」(2001年)「一夜亭」(2003年)

GA そもそも，細川護煕さんとのおつき合いは何がきっかけだったのですか？

藤森 細川さんがラジオのトーク番組を持っていた。自分が興味がある人を呼んで話す番組でした。赤瀬川原平さんに興味があったらしく，対談した。その話の最後で，細川さんが「焼き物をやりたいので，自分の工房をつくりたい」と言った。

GA その時点では，まだ焼き物はされていなかった？

藤森 始めていたようです。お祖父さんである近衛文麿の湯河原の別荘を相続されて，その裏庭の小屋に窯をつくって制作されていた。しかし，本格的にやりたいので，工房が欲しい。ついては，設計を誰に頼むかと考えているけど，普通，建築家に頼むと，自分が工事に参加できない。当たり前だよね（笑）。

GA 施主が工事に参加できる建築家なんて，ほぼ一人しか選択肢がないじゃないですか（笑）。

藤森 小さい時，屋敷に出入りする職人の中で，大工さんと植木屋さんが好きだったそうです。親に，大人になったら大工か植木屋になりたいと言ったら，お父さんが真顔で「そういう家ではない」と仰った（笑）。はっきり「首相を目指しなさい」と。

GA 恐ろしい家ですね（笑）。

藤森 それで，「ああ，そうか」と思って首相になった。だから，父への義理，細川家，近衛家の血を引くものとしての道は果たした。後は，好きなことをやろうと陶芸を始めた。

赤瀬川さんが，「藤森さんがいる」と紹介してくれた。「施主参加が前提の建築家がいますよ」と。その後，細川さんの番組に呼ばれる。

□施主に選ばれ，施主を選ぶ——依頼主との関係

　とりあえず敷地を見てくれということで，ぼくと赤瀬川さん，南伸坊さんも呼んで，3人で細川家の別荘に行ったら，びっくりした。
　まず，その佇まい。近衛文麿は当時，テロを恐れていたから，湯河原の街のどこからも見えない。別荘があるのかも判らない立地になっている。この先には道がないな，と思うところに入って行くと，ふっと玄関がある。建物は全く公開されていないので，初めて見たが，驚いたのは，明らかに長谷部鋭吉かその弟子筋の手による。
　長谷部さんは住友総本店の建築部門にいて，後に日建設計をつくり，初代の社長になる人です。長谷部さんは関西にいたから，近衛家の仕事をやっている。有名な近衛文麿の「荻外荘（てきがいそう）」も，京都にある「近衛陽明文庫」も長谷部さんの設計です。長谷部さんは洋風の建築に強かったが，和風にも興味を持っていた。大正期だからね。和風の建物に，洋風の玄関をつけるという，とても不思議なことを「陽明文庫」でしてます。玄関を入ると洋風だけれど，進むにつれて和風になっていく。普通は和洋折衷のあざとい感じが出たり，変な感じになったりするけど，そんな感じはない。
　湯河原の細川邸もそんな玄関のつくりになっていた。長谷部さんは大事務所を率いていたから，別荘まではやらないのではないか。おそらく下の誰かがやった。細川さんにも訊いたが，設計者については伝わっていないようです。
　中に入ると，オーソドックスなところは和風につくってある。しかし茶室は，垂れ壁があって，普通は欄間が入るところを土壁にして，自由曲線みたいに波打ってた。もう，びっくり。垂れ壁は，普通，下部に，軽い長板を当てるけど，土だけ。でも，変じゃない。
　裏側は，増築に増築を重ねた状態でした。細川さんのお母さんがつくっていた畑があって，それを今はご本人が耕していた。異様な光景で，畑が完全に檻の中に入っている。

一夜亭　2003

不東庵工房前，東より見る

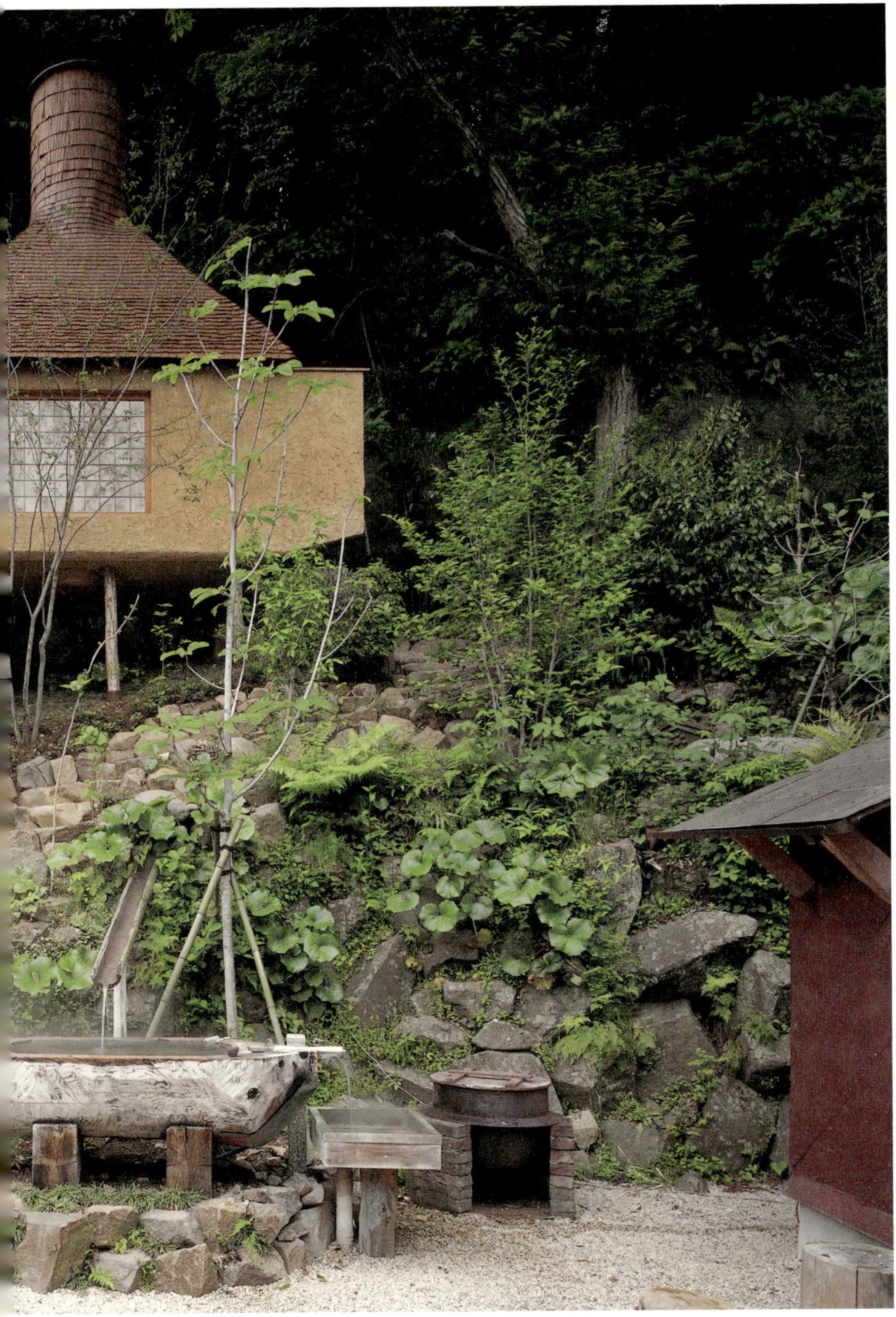

猿がやってきて，作物を全部食べてしまうそうです。
GA （笑）。
藤森 その上，猿が人間を威嚇する。昔から敷地内で温泉が湧き出ていて，ぼくが行った時も，そこでボス猿が暖まっていた。そいつが，ぼくを威嚇するの。本当に腹が立った！
GA （笑）。
藤森 明らかに人間を舐めてる。手で殴ってやろうと思ったけど，怪我をしたら嫌だから棒を振り回したら，逃げてしまった。それを見た細川さんが驚いていました。「本気で猿と戦おうとする建築家がいるなんて」。

というわけで，すっかり盛り上がって，まず工房を依頼された。

ろくろ場と窯場があって，中庭は茶碗を干したりするのに使いたい。要求はそれくらいで，あとは，自分も工事に参加する大条件だけ。山に行ってクリの木を切る時にも細川さんが来られたし，一緒に銅板を貼ったりした。

出来上がった「不東庵工房」は，大変，気に入ってくださった。その後1〜2年して，細川さんから電話があり，至急2，3ヶ月で茶室をつくって欲しいと。慌てて飛んで行った。

訊いてみると，国宝の修復にも携わる安井杢工務店のお爺さんが細川の御曹子のために，ずっと茶室をつくる材料を集めていたそうなんです。「素晴らしい煤竹が入りました」とかちょくちょく報告もある。

細川さんも気にしていて，「安井の爺さんが一生懸命用意してくれるんだけど，伝統的な茶室は好きじゃない」。しかるべき設計者も場所も決まっていたようです。ですが，細川さんは，あまりしっくりこなかった。

細川さんとしては，作業場の近くにつくって，作業の合間にお茶を飲んだりしたい。セレモニーとして飲むのでは

□施主に選ばれ，施主を選ぶ——依頼主との関係

なく，休憩しながら，気軽にお茶を飲む。お茶のイメージが違っていた。

ぼくが「不東庵」のすぐ近くに場所を提案したら，細川さんも賛同されて，中庭の斜面につくることになった。急いでつくらなくてはならない。急につくるには，舞台美術の人たちしかいない。

施工を頼んだ劇団俳優座の美術部は，大きな建設会社です。俳優座の舞台美術だけをやっているとペイしないので，テレビのセットをはじめ，店舗の仕事を多く受けている。昔，資生堂ギャラリーが今和次郎のバラックを復元する時に，俳優座に頼んだことがある。

業界が違うと，こうも違うのかとびっくりした。ぼくは，木造にするつもりだったが，彼らは骨組みをアルミでつくると言う。そんな高価な材料は使えないと思ったけど，彼

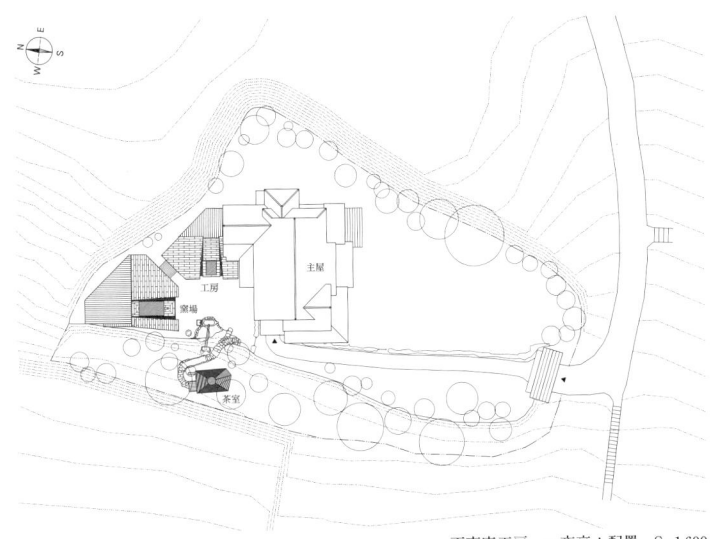

不東庵工房，一夜亭：配置　S=1:600

一夜亭の板蔀

一夜亭内部

らはアルミの方が安いと言う。彼らの一番の関心は「いかに素早くつくって，素早く撤収するか」。舞台を設営・撤収する際，一番の問題は，人夫の数。つまり，建築コストの考え方は，坪当たりというより，総人工(にんく)が何人要るか。高いアルミを使おうが，結果として，人工を減らすことができれば問題ない。

　アルミの工房も自分で持っていて，溶接や加工も全部，自前でできる。舞台の見えない部分は木で支えているのかと思っていたら，アルミを使ってるようです。

　事前に，一度工場で試しに組み上げおく。結局，組み立ては半日しか掛かりません。

GA　しかし，彼らはいつも仮設の建築をつくっているんですよね？

藤森　仮設を本設にするためには接合部を強くすればいい。元々，人が載るパネル＝床面は，荷重を考えて，しっかりとつくっている。いつもバラしやすくつくっているものをバラしにくくするのは，簡単なことです。

亜美庵社, 2010年（細川護熙展「市井の山居」）

□施主に選ばれ，施主を選ぶ——依頼主との関係

見ていた細川さんもびっくりしました。朝から始め，昼過ぎには出来ていた。

出来上がった際に，名前をどうしようかという話になった。細川さんは，ルオーの花の絵を飾るつもりだから，ちなんだ名前にしようかと。しかし，あまりに早く完成したから，一夜で出来た「一夜亭」はどうかと提案しました。細川さんは，一夜城の逸話とか，たくさん聞いているわけです。「いいねえ」と言ってくれた。

急遽茶室をつくる理由を途中で聞いたが，当時フランス大統領だったジャック・シラクが来日するので，もてなすため。細川さんは，本当に大事な客人が来る時に，どのようにもてなすべきか知っている。客人を茶室をつくって迎える。それは，利休の時代の伝統です。

フランス大使館の人がやってきて，シラクが躙口でつっかえないか寸法を検証した。そこまでやったのに，イラク戦争が起きて，結局シラクは来れなかった（笑）。

GA 最近では，メゾン・エルメスの展覧会（細川護熙展「市井の山居」）で，茶室「亜美庵杜」(2010年) をつくられていましたね。

藤森 エルメスでは，苔を床に敷いたら，すごく上手くいった。苔は，現代的な空間と歴史的なものを調和させてくれる。

GA 主張しないということですか？

藤森 そうです。自然のものでありながら，同時に抽象的な感じもある。工業的なものと自然のものとの中間。両者をつなぐ力がある。

□養老孟司—「養老昆虫館」(2005年)

GA 養老さんから頼まれたのはどういう経緯ですか？

藤森 ソニーの盛田昭夫さんが，日本にきちんとしたスポ

細川護熙展「市井の山居」
苔の上，小川をイメージした
ガラス・テーブルと茶器

東立面

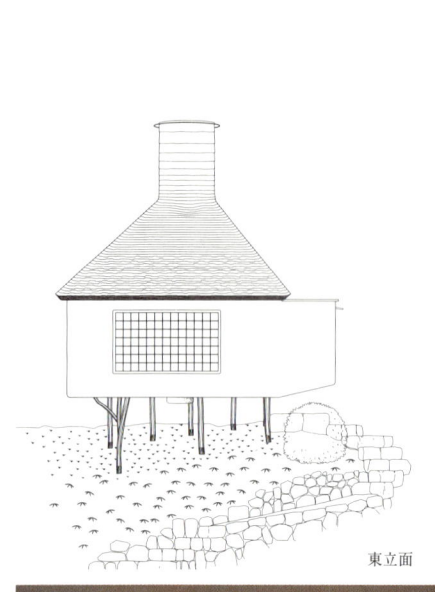

一夜亭の天井見上げ

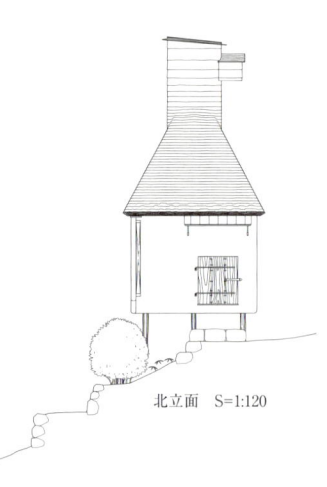

一夜亭内部。躙り口方向を見る

北立面　S=1:120

炉越しに不東庵工房を見下ろす

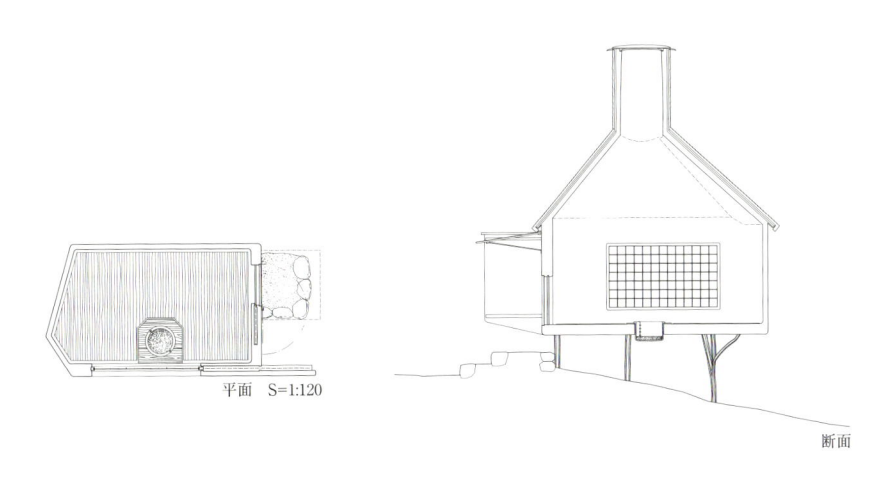

平面　S=1:120

断面

ーツ施設をつくろうと活動されていて，新潟県新井にスキーのリゾート施設をつくった。その遺志を引き継いだ御子息の英夫さんは文化的な関心が強くて，スキー場で行う文化的試みについて考えておられ，たまたま，ぼくが呼ばれた。そこに，養老先生も来ておられて，知り合いになった。

その後，スキー場に皆が集まれる場所をつくってほしいと言われて，ホテルの中に，「ザ・フォーラム」(1999年) が出来た。

ある時，養老さんから，昆虫館をつくりたいという相談を受けた。子供向けの博物館をつくるのかなと思った。養老先生は，あまり知られていませんが，鎌倉の幼稚園の園長もしている。頼まれたのは少々違って，「全国の昆虫の愛好家が，標本のコレクションを保管するのに困っているから，それを保管展示する施設が欲しい」。昆虫のコレクションにはちゃんとした空調が必要です。そこで自分も夏休みを過ごしたい。昆虫の研究をしたり，皆が集まる場所にしたいとのことだった。

GA 一般には公開されていないのですよね？
藤森 研究者と養老先生だけ。

先生の話は面白いです。本当に虫が好きみたい。虫を通して，地球の諸問題を調べている。

オサムシの分布は縄文土器の分布とかぶっているらしい。つまり，生態が5000年くらい変わっていない。動物は適応すると同時に，ある部分では全く適応しない。そういう話は興味深かった。

仕事を続けてくると，施主同士がどこかでつながってくるんですよ。

GA だんだんネットワークが確立してくるわけですね。
藤森 細川さんの奥さんと，養老さんの奥さんが知り合いだったり……。社会活動の中でお知り合いになるようです。

「ねむの木こども美術館」(2007年) の仕事も細川さんが間

に入ってくれた。細川さんの奥さんが宮城まり子さんと障害児問題を通して親しかった。宮城さんは，「浜松市立秋野不矩美術館」(1997年) をご覧になって，ぼくが細川さんの仕事もしていることを知り，頼んでくれた。

□施主に選ばれ，施主を選ぶ

GA 中世の建築家とクライアントの関係のようですね。今どきだと，建築家はメディアに出て，見知らぬ一般の人が「この建築家に頼みたい」と依頼してくる。それが，全くない。仕事は，全部知り合いから来るわけですね。
藤森 メディアを見て，連絡をくれる人もいますが，基本的にはお断りしています。
GA そうでしょうね。
藤森 普通の建築家は，大抵「来るもの拒まず」だそうですが，ぼくには戦国時代の領土争いのような感じはありません。
　ぼくが今さら，血みどろをしても，建築界にとって何の意味もありませんからね。
GA 藤森さんに仕事を頼む人に共通点はありますか。
藤森 まず，茶室の場合は，流派のお茶をやっていない人だけです。ぼくみたいに型破りなものをつくっていると，普通は，流派から陰口を言われたりする。細川さんの妹さんは表千家の宗匠の奥さんでもあるから，その筋の人が来る。だけど，ぼくの茶室は，自分たちとは別ものだとは思ってくれているみたい。中村昌生先生には解らないことをお訊きするのですが，親切に教えてくれますし。
GA 飛び込みの依頼はどれくらいの頻度で来るのですか？ 月イチくらい？
藤森 そんなには来ないよ。年に一人か二人。家をつくるということは，施主と親戚にならなくてはならない。それ

養老昆虫館　2003-05

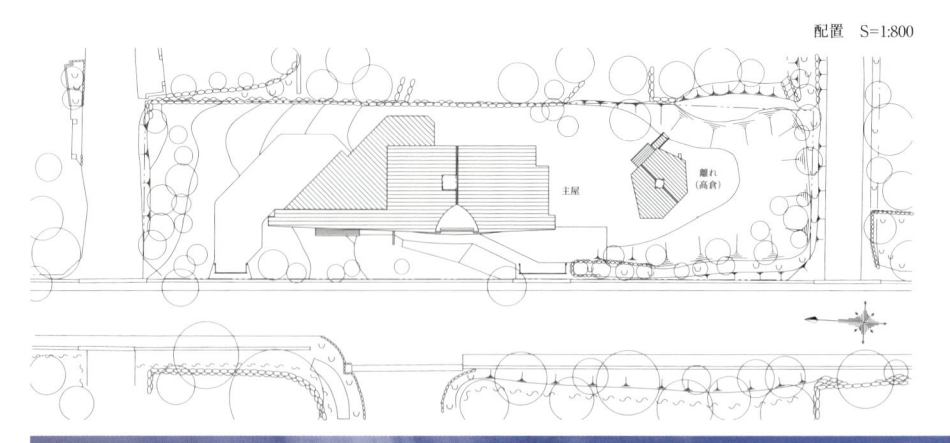

配置　S=1:800

西側接道より見る全景

離れ北東立面　S=1:400

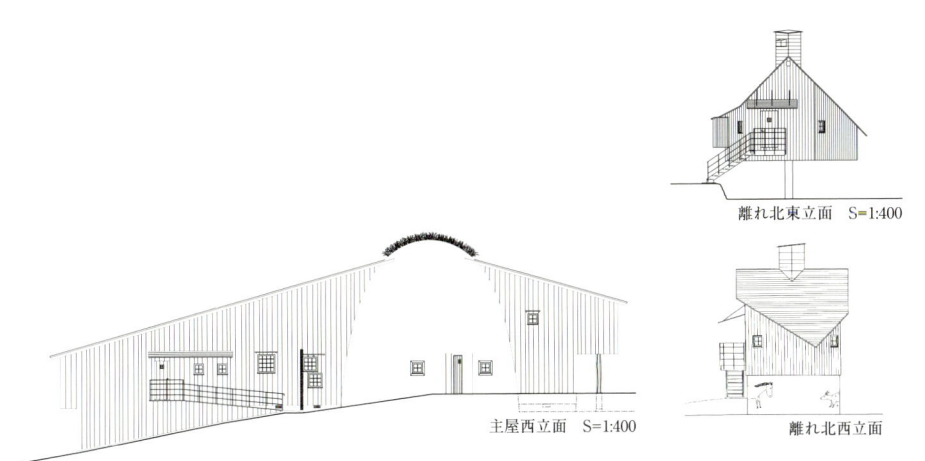

主屋西立面　S=1:400

離れ北西立面

と，メンテナンスもある。だから，嫌な親戚は増やしたくない（笑）。

　それと，長い間話したり付き合っていくので，接してみて，ぼくが施主の仕事や生き方に興味が持てるかどうかは重要な要素です。

GA　それは一方で，作品の質を守る，見え方を守っているのではないですか？

　つまり，バックグラウンドが何もない状態で藤森さんの作品が出てくると，誤解される可能性があると思う。セルフビルドの素人のものとは違うのは，プロが見れば判りますが，素人には同じに見えてしまう可能性がある。だけど，施主が細川さんや赤瀬川さんであることで，知的なものに見えるし，出来たもののレベルを維持していける。

藤森　そうかもしれないね。ぼくの場合は，施主と話をしているうちに，自分の意向と違う要素が入ってきていると思ったら，お断りします。以前，ある研究をしている方から，観測所兼別荘をつくってほしいという依頼があって，観測内容はなかなか興味深かった。しかし，奥様は，普通の別荘が欲しいと。これは，お互いに良くないと思ったから，お断りしました。

　路上観察の人や細川さんとの付き合いは，建築をやっていく上で，相当，世間の安心感につながっているというのは，確かだと思います。

GA　建築家という商売は，日本においては文化的ではない側面があって，例えば一時的に，建築士さんと呼ばれてしまう。けれども，我々，ジャーナリズムは勝手に建築家と呼んで，アーティストと同じぐらいに考えていますが，世間は決してそうではない。

　その意味で，路上観察の人々を従えているのは強いと思います。施主を必然的に取捨選択することで藤森さんも守られているし，また，細川さんや文化人の仕事をすると，

□施主に選ばれ，施主を選ぶ——依頼主との関係

どんどん評判になっていく。それが元になって，ある世界の人に藤森さんが選ばれていく。逆に言うと，日本の社会というのは，とても薄っぺらくて，「細川さんの茶室をつくった」というだけで，文化的な色が強くなるので危険なんですけどね（笑）。
藤森 日本のハイソサエティは，ほとんど消滅していますからね。天皇家を除くと，細川家とか，千家とか，徳川家ぐらいで。

土壁を見上げる

◁玄関先より勝手口方向を見る

離れより主屋南側妻面を見る

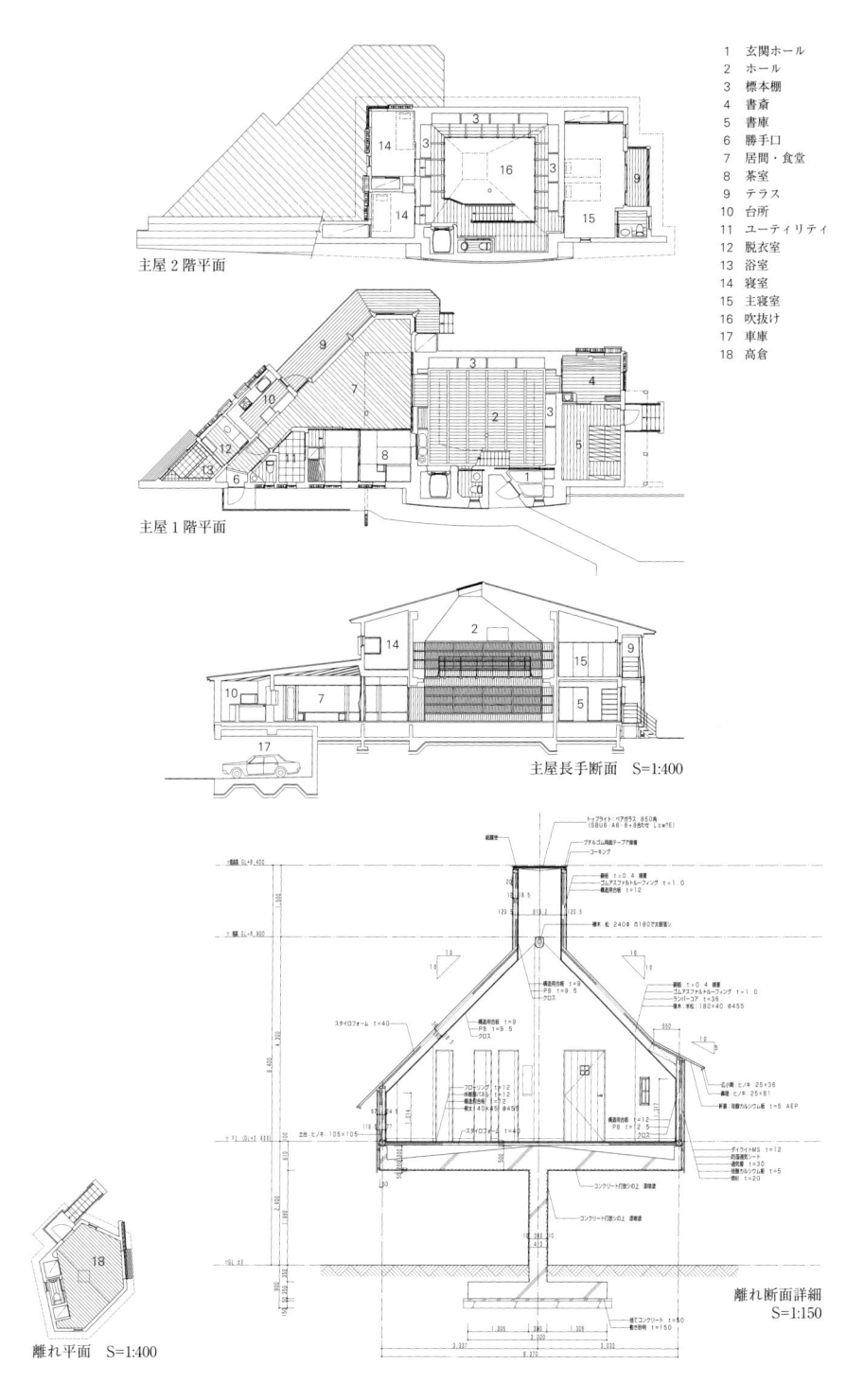

1	玄関ホール
2	ホール
3	標本棚
4	書斎
5	書庫
6	勝手口
7	居間・食堂
8	茶室
9	テラス
10	台所
11	ユーティリティ
12	脱衣室
13	浴室
14	寝室
15	主寝室
16	吹抜け
17	車庫
18	高倉

主屋2階平面

主屋1階平面

主屋長手断面　S=1:400

離れ平面　S=1:400

離れ断面詳細　S=1:150

主屋ホール。壁面に設えられているのは標本棚

離れ。下は離れを支える「バカの壁」

ねむの木こども美術館　2004-06

西より見る

2階平面

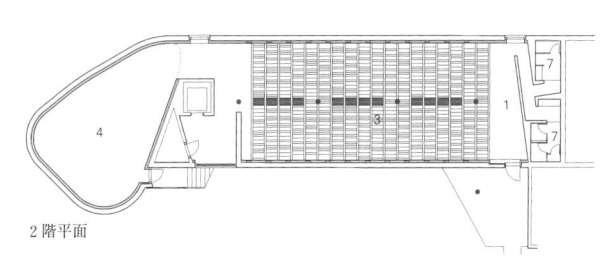

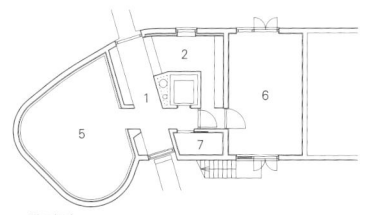

1階平面　S=1:500

1	入口
2	事務室
3	第1展示室
4	第2展示室
5	第3展示室
6	機械室
7	手洗い

◁北東より見る全景

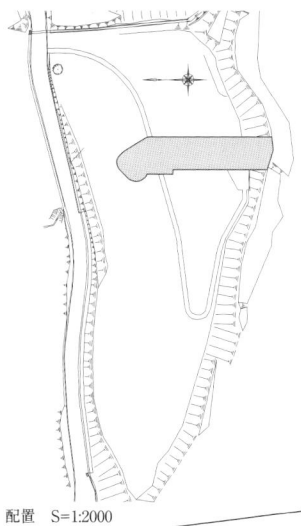

断面　S=1:500

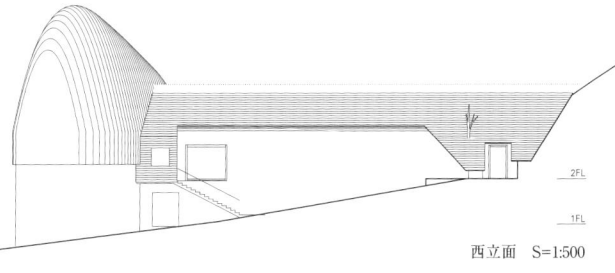

配置　S=1:2000

西立面　S=1:500

南西端の二つ目の入口

◁ 東側の入口

第1展示室

第 2 展示室

□ 建築の本質を凝縮する──茶室のこと

GA 歴史家として「茶室」への興味はありましたか？
藤森 全く無かったねえ（笑）。茶室なんて，もう研究する余地がないと思っていた。堀口捨己が「茶室の神様」として君臨してたし。堀口さんによって初めて，ちゃんとした知性が茶室に投入され，多くの著作を残された。その後には，中村昌生先生がいる。

　茶室を幾つかつくっていると，思わぬことがあって……。中村先生から，会いたいと電話があった。ぼくがつくる茶室は，茶室の本流からすれば滅茶苦茶なので，怒られるんじゃないかと，正直，びびった（笑）。

　お会いしてみると，「自分より若い人たちの茶室も幾つか見たけれど，君の茶室に一番，興味がある」と仰ってくれたので，嬉しかったです。ぼくの方から伺いたかったのは，堀口さんのこと。中村先生は，お弟子さんです。すると，何度も「今と違う形式で茶室があるとしたら，どんなあり方があるのか？　茶室に未来はあるのか」と堀口さんに訊いてみたらしい。でも，尋ねる度に，堀口さんは話を逸らしたそうです。おそらく，堀口さんの頭の中にも新しい茶室の方向は，無かったのではないか。

　堀口さんの設計した茶室を見ると，新しいことは，ほとんどしていない。昔ながらの形式を使って，常識的な対応をしている。堀口さんが展開された茶室論は素晴らしかったし，和風の中にモダンな要素を発見した「八勝館 御幸の間」(1950年) も素晴らしいけど，茶室はわりと普通です。

　丹下健三さんは，伊勢神宮や桂離宮には興味を持っていたが，茶室には無関心だった。前川國男さんも坂倉準三さんも，茶室に手を出さない。坂倉さんの「飯箸邸」の例外的茶室は，オメカケさんのため。皆あれだけ，日本の伝統に興味を持ってたのに。

GA 対ヨーロッパに対して，何が日本としてリプレゼントできるか？　たぶん，丹下さんたちの世代は，もっと国家

的な意識が強かったと思うのです。
藤森　伊勢や桂が出てくるのも納得できますね。
GA　対して，国家じゃない日本として何を提示できるのか？　それを下の世代である磯崎新さんたちが考えたのかな。
藤森　利休の晩年は，国家的な権力と拮抗したわけです。磯崎さんや原広司さんも，国家的なものに対して，素直に寄り添えないから……。

　以前，原さんに，現代の茶室について興味があると言ったことがあるんです。そうしたら，びっくりするような応えが返ってきた。「自分が世界に出て設計をする際に，支えになっているのは利休だ」と。欧米のふてぶてしい建築家たちは，ピラミッドに始まりバロックやルネサンス，その後のコルビュジエやミースなどを背景に，設計活動をしている。世界に対して，自分たちの文化的優位性をはっきりと主張してくる。

　そんな土壌に，東方の果ての日本から，ひょっこりと出向く時，「お前たちのバックはデカイかもしれないけれど，俺たちには極小の利休がいるぞ」と。

　その話を原さん筋の隈研吾さんに話したら，「ぼくには，そんなことを全然，話してくれない」(笑)。
GA　磯崎さんには，茶室について訊いてみました？
藤森　まだです。磯崎さんにも「あなたにとって，茶室とは何ですか？」と，是非，尋ねてみたい。今度，機会があったら訊いておいてよ。
GA　それは大役ですね（笑）。
藤森　たった一言でいいんですよ。彼は，一言で端的に表現できる人だから（笑）。
GA　磯崎さんや原さん，安藤忠雄さんといった現代の建築家も茶室をつくっていますよね。
藤森　でも，彼らの茶室を見てみると，「茶室」でしかない。

矩庵　2002-03

主屋2階より見下ろす

2003年5月に行われた「茶室開き」

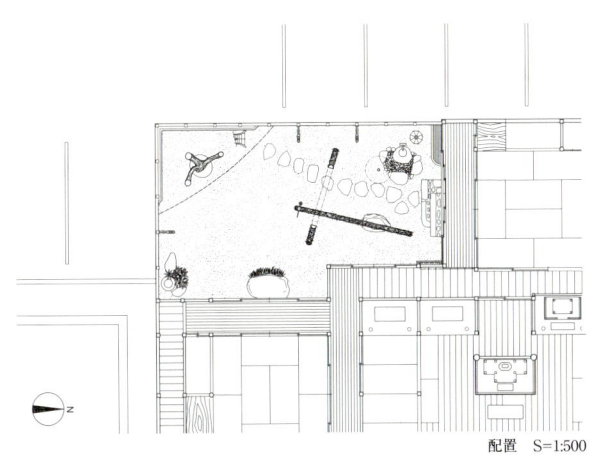

配置　S=1:500

美術館など，他の建物で考え続けてこられた提案に匹敵するような作品にはなっていません。一流の建築家を以てしても，「茶室」にしかならない。逆に，下手な人がつくっても，「茶室」になってしまう。

そういう結果をもたらす伝統的茶室のあまりにも強い様式性に対して，関わりたくない（笑）。

GA そんな認識があったにもかかわらず，茶室をつくるようになるわけですね。

藤森 「ニラハウス」(1997年)を設計する際に，赤瀬川原平さんから「隠し部屋をつくってほしい」と言われたのが始まりでした。「隠し部屋を忍者屋敷みたいにつくるのでなければ茶室かな」くらいの軽い気持ちだった。その次の「ザ・フォーラム」(1999年)のカゴのような設えも，喫煙室をつくって欲しいと言われたので，茶室っぽくしようと思った。独立的な茶室ではないし，自分が茶室をつくる意味について，自覚的でもなかった。ところが，「一夜亭」と「矩庵」(共に，2003年)をつくって，色々と考えさせられた。

「矩庵」の依頼主である徳正寺の秋野等さんは，小川流の煎茶をやられていた。その家元である小川後楽さんが完成間近の「矩庵」に来られて，「茶室開きは私がします」と言ってくださった。塀の隅の高い所に茶室が設えられていることは，すごく気に入られたけれど，床に口を開けていた炉用の穴を指して，「炉は切らないでください」。炉は千家の設えであって，中国茶の伝統を継ぐ煎茶の空間には，必要ないらしい。歴史家兼設計者はそれを知らなかった。茶室だから，当たり前のように炉を切ってしまった。

火の有無が，煎茶と抹茶の世界を分けている。でも，茶室研究の先達は，誰も炉の重要性について触れていない。堀口さんだけでなく，茶道研究家すら言及していない。

茶室のような狭い空間に火を入れるなんて，変な話だよね。利休一派が，初めて茶室に火を持ち込んだ。それまで

□建築の本質を凝縮する——茶室のこと

は，茶坊主が別室で点てたお茶を，お盆に載せて茶室まで持ってきていた。

お寺でも，庫裡の土間でしか火を焚かないでしょ。下賤な作業としての火焚きをわざわざ茶室へ取り込んだ。利休には，相当な決意があったに違いない。茶室における火の問題について，誰も手を付けていないことに気づいた時点で，本気で茶室を考えてみたいと思うようになった。

「一夜亭」の亭主である細川護熙さんは，茶室の炉で鍋

芝饅頭のインスタレーション越しに茶室を見る

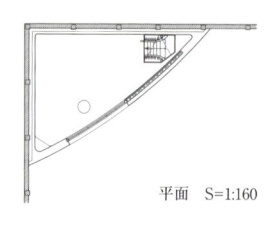

平面　S=1:160

躙り口より茶室内部を見る

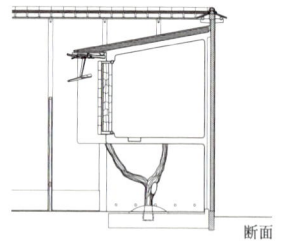

断面

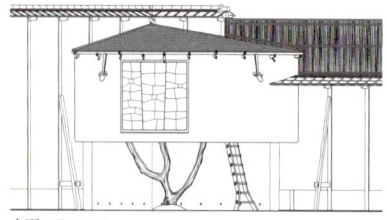

立面　S=1:160

芝饅頭のインスタレーション

174

茶室内部。右のステンドグラスは徳正寺住職である施主のお手製

料理をしたいと言う。民家の囲炉裏のように使えないか。それは，縄文住居での営みにも通じてきて……。ぼくの茶室への興味は，そのあたりから始まった。

GA 極小空間への興味はありませんか？
藤森 やってるうちに生じてきた。居住空間として狭いことは，そんなに珍しくない。動物たちは，巣を最小限にこしらえる。でも，そこに火を入れるなんてことはしない。利休は「火こそ，人間の建築の根本なんだ」と気づいていたのか。

　「妙喜庵待庵」は二畳ですが，およそ一間四方を人間空間の根本と考えたのは，利休の他にはレオナルド・ダ・ヴィンチくらいじゃないかな。ダ・ヴィンチは，あの有名な「ウィトルウィウス的人体図」を残している。でも，紙の上に絵を残しただけで，建築はつくっていない。

　一間四方の空間で火を焚くなんて，ゾロアスター教の祭壇をのぞくと，世界中の建築を見渡しても無い。それに気づいてから，茶室に対して自分なりのアプローチがあると思えてきた。

　ぼくに茶室を頼んでくる人は，流儀や形式にこだわらない人ばかり。狭い空間やお茶を飲むのは好きだけど，作法は苦手という人は，日本中にいると思う。そういう潜在意識を浮き上がらせるためにも，最近は，住宅を頼まれると茶室をつくるようにしている。施主が，お茶を飲もうが飲むまいが，関係なく。

GA 「焼杉ハウス」(2007年)にも茶室がありましたね。
藤森 本好きなご主人が，本を読む空間として使っているようです。気持ちいいので，昼寝もしていると言ってたな(笑)。利休も同じことを目指していたと思いたい。
GA 利休は，戦場にまで茶室を持ち込んでいます。つまり，戦場の中に非日常たる最小限の家を持ち込み，火まで燃す。それこそ，最大のもてなしだったのかもしれません。

□建築の本質を凝縮する―茶室のこと

藤森 確かに，利休は従軍してました。例えば，唐津の名護屋城へ従軍した時には，城下町に自分の屋敷をつくった。発掘調査で，その利休の屋敷に竹でつくった茶室があったことが判っています。最も手に入りやすい材料を使って，手作りでつくったんでしょうね。

朝鮮半島で血なま臭い戦いを行い，名護屋城へ引き上げた武将たちの，心を慰めたかったのか。火の廻りでお茶を飲み，芸術を鑑賞して，別世界を味わう。そんな空間を，戦場でも身の回りの手に入る材料で組み立てる。

利休の師匠である堺の茶人・北向道陳の寺の茶室では，庇下に縁周りをつくり，畳を置き，板戸を立てただけで茶席とした。その後，利休は板戸の代わりに土壁で覆うことになって，「囲い」となっていくわけです。

その結果，土壁には自由な位置に窓を開けることができるようになったし，長押のように柱・梁の寸法秩序もない。いずれも，原点は軒下の「囲い」。躙り口の戸板に関しても，雨戸の縦横二辺を単純に切断して小さくしただけ。だから，縦横二辺しか支えが無い。

中村先生に教えてもらったんだけど，「待庵」の畳の炉のための欠きは，利休が自ら切ったのではないか。畳を切断するって，考えてみたらとんでもないことだ（笑）。その話を伺っても，茶室には，使う人が，自らつくるという本質が見え隠れしている。茶室は，色々な意味で，建築の本質を凝縮したものです。火の周りで飲食するなんて，石器時代からの習いです。

茶室 徹　2005

2006年，竣工後，初めての春を迎えた茶室 徹

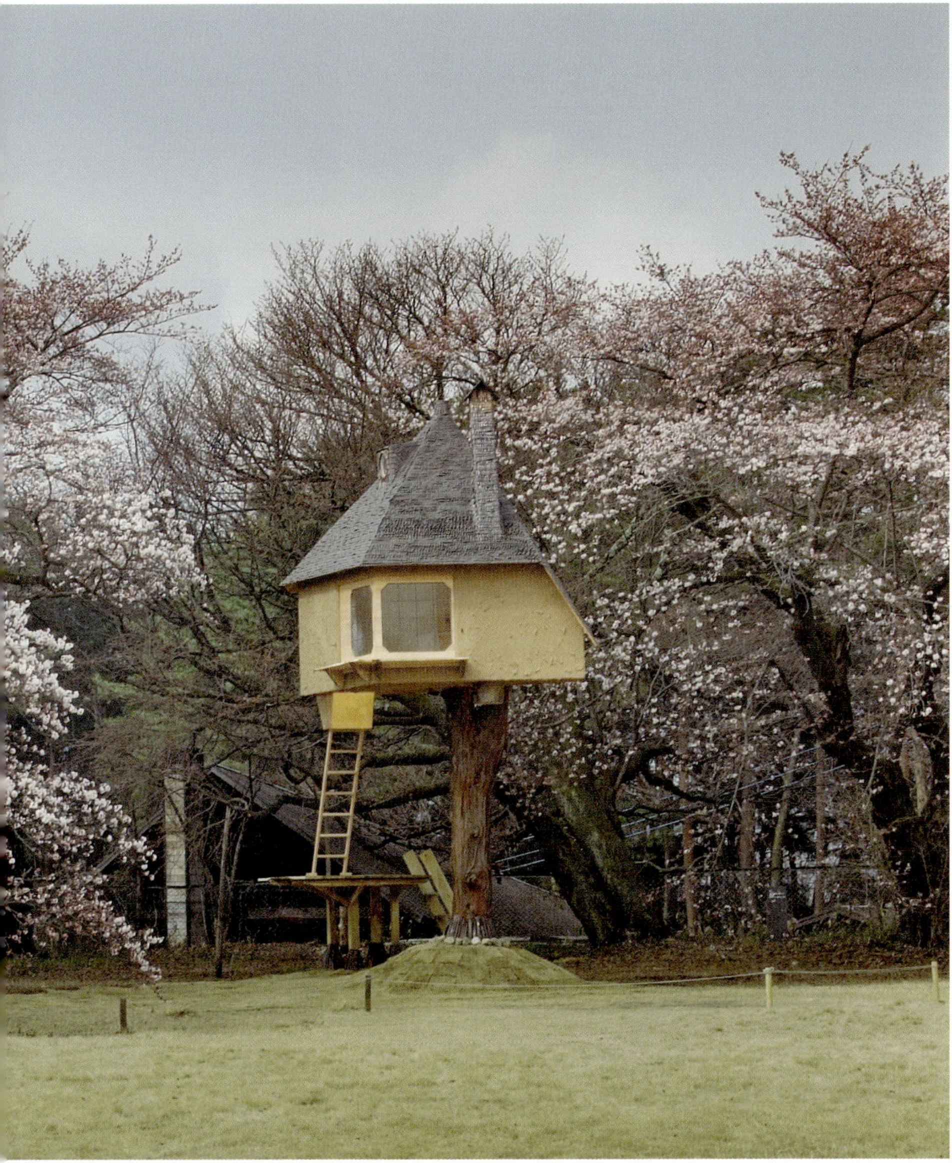

南東より桜越しに見る

躙り口と下に突き出た信楽の炉

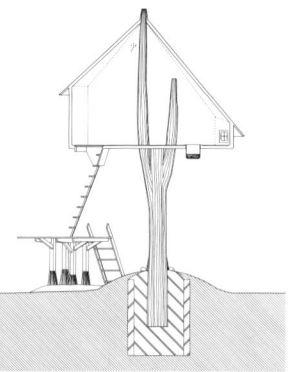

断面　S=1:200

南東隅部

平面　S=1:100

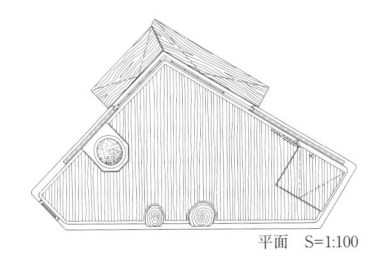

茶室内部。一本足の桧が内部では二股に分かれ，外皮も剥がされている

高過庵　2003-04

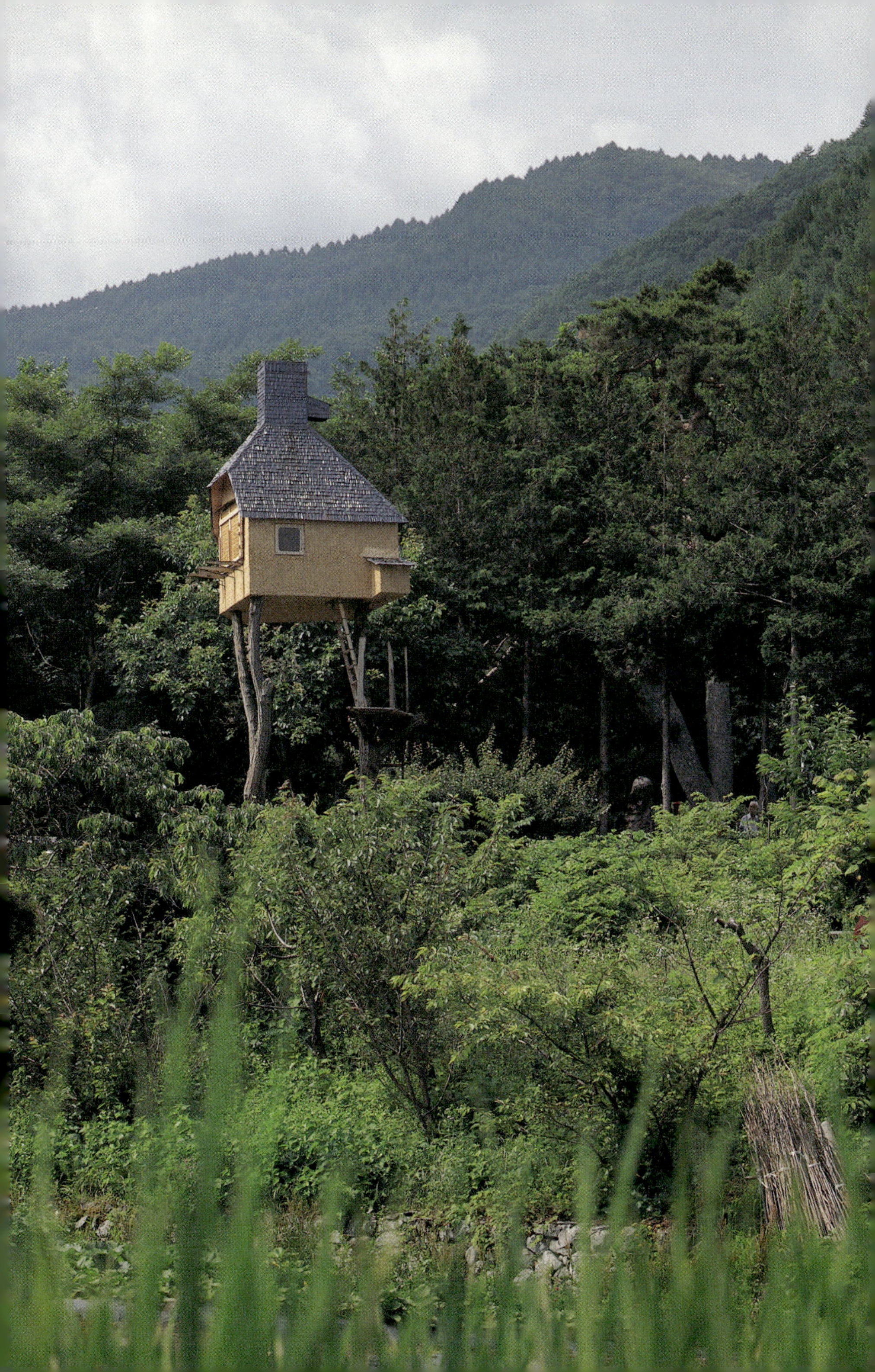

□ 普通の人に愛される建築——高過庵

藤森 同時期にできた二つの茶室,「一夜亭」と「矩庵」(共に2003年)の引き渡しの時,両方,渡したくないと思った。つくっている最中は,そんなこと微塵も考えなかったから,びっくりした。

　茶室とは変なものだと思った。歴史的に優れた茶室は,利休や織部,遠州といった茶人がつくりました。茶室をつくるために,建築家は必要とされていなかった。その伝統は今にもつながっていて,茶室をつくることは,ごく私的なことなんだと実感した。

　とにかく,自分のための茶室をつくらないと,以降,他人のために茶室は設計できないと思って,「高過庵」(2004年)をつくることにしたわけです。

GA 柱に使っている木は,生木だったんですか?

藤森 生の木だけど,敷地に生えていたわけではなく,山のクリの木を切ってきた。こんな風にうまく生えていたわけではないよ。

GA そうでしょうね。

藤森 ツリーハウスではない。床下が長いので,「高過床住宅」とかそういう名前も考えたが,「高過庵」とした。

　出来上がって初めて見た時,自分でも,「高過ぎたか?」と思いました(笑)。業者が足場を持って帰った後,現場に一人,残された。登っていいものか迷った。登ったら,倒れるかもしれない。木造だから,ゆっくりと倒れて行くだろうから,死なないだろう。家に帰ってカメラを持ってきて,慌てて写真を撮った。万一,この姿が無くなってしまうのは惜しい。それに,手伝ってくれた皆と私の努力が無駄になってしまう。

　最初登った時は,怖かった。茶室の中に入って,慌てて身を伏せた(笑)。じっとしているとバランスが取れて,揺れないことがだんだん判ってきた。

　「空飛ぶ泥舟」(2010年)をつくって気づいたのは,吊り構

北東より見る

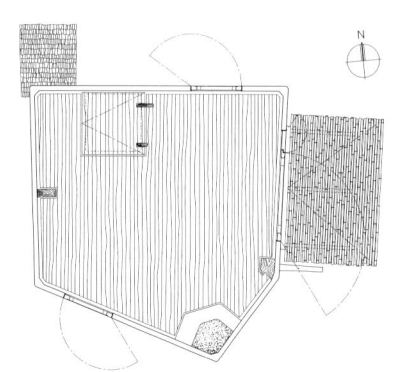

平面　S=1:50

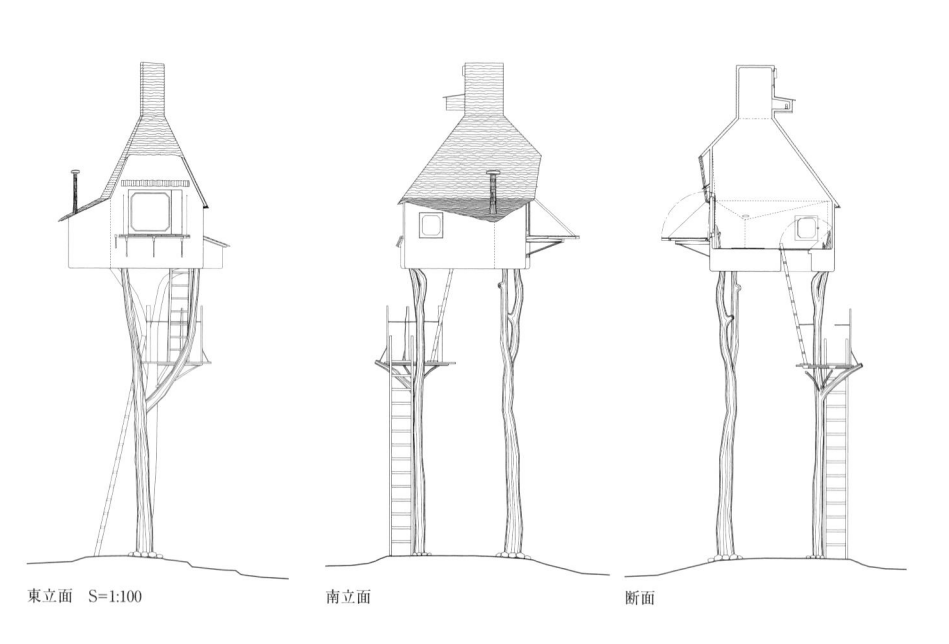

東立面　S=1:100　　　　　　南立面　　　　　　　　断面

造なので，ハンモックのように揺れる。ゆりかごのようでもあり，安心感がある。それに対して，ヤジロベイ型の「高過庵」は，すごく不安。出来てから7年経って，だんだん揺れが大きくなってきたし（笑）。揺れ幅は10センチくらいなんだけどね。揺れの違いに明らかに身体が反応してしまう。

GA 今日はインタヴューのために茅野に来ているのですが，「登りものばかりだなあ」と恐れていました（笑）。基本的に高いところは苦手なので，この中で話すのは，ちょっとドキドキしています。

藤森 でも，お仕事上，高いところに登る必要があるでしょ？

GA 不思議ですが，セスナやヘリコプターに乗って空撮するのは平気なんです。自分で飛んでいるわけじゃないから，諦めもつく。だけど，地面に何らかの方法で接続しているのは苦手ですね。

藤森 気持ちいいですよ，ここは。

GA 今日は特に風が通っているし。

藤森 信州の夏は，昼間はかなり暑い。直射日光が厳しい。でも，夕方からは涼しい。

畑が見えますが，日曜日などは，家族で畑仕事をしている。幸せな光景です。村の人たちは，「高過庵」のことをよく知ってるし，登ったこともあるから，ここにぼくがいても，気にしない。そんな様子をちょっと上から見ているのは，とてもいい。

伊東豊雄さんに「高過庵」の高さは，「賢者の高さ」と言われました。パラーディオの住宅は，イタリアの小高い丘の上にある。イタリア人の考え方として，賢者は，人家から離れた，少し高い場所にいて，皆の様子を見ているのだそうです。

GA それは，「領主の高さ」なんじゃないですか（笑）。

幹の途中に置かれた踊り場

踊り場から躙り口へ

竹簀の子を開け「神長官守矢史料館」を見る

躙り口

茶室内部，炉の方向を見る

藤森 領主が自分で，賢者って言ったのかも（笑）。これぐらいの高さだと，働いている人の表情は見えるけれど，克明には見えない。その距離感がいい。

　友達が来て話していると，4時間程，すぐに経ってしまう。話しくたびれたなと思うのがちょうど4時間くらい。

　正式な茶事というのは，利休の時代から4時間です。親しい人たちが集まって，ひと盛り上がりするのに，ちょうどいい時間なんですね。お喋りして，お茶を飲んで，寝転んだりしながら過ごすのが，こんなに楽しいとは思わなかった。

　外界から，ちょっと離れたところにある。家族の団らんの場所とも違って，気の合う友達と過ごしたり，お客様をもてなしたりする，野原の居間。そういう感覚は自分で使ってみて，初めて判りました。

GA 一人でも来られるんですか？

藤森 最初は，図面を描いたり，本を読んだりしようと思ってました。試してみたんだけど，全くそんな気持ちになれない。ぼーっとしてしまうの。やはり，仕事をするには，緊張感が必要なんです。

　仕事と言えば，施主に最初の案を見せる時に，「高過庵」に来てもらうこともある。ここで案を見せると，どんなに突飛なアイディアでも，大丈夫だと思ってくれる（笑）。「焼杉ハウス」（2007年）の施主には，ここでプレゼンテーションして，大変喜ばれた。応接間としては素晴らしいです。

GA ちょっと脅しが入ってますしね（笑）。嫌だって言うと何が起こるんだろうという不安があります。完全にアウェーにいるような気分（笑）。

藤森 （笑）。施主からすれば，こんな空間ができるんだという気持ちになれる。

GA 子供の時に，皆で基地をつくって遊んだ，その延長の空間である気がします。本当は，これくらいの規模の建築

であれば，誰でもつくれたはずなのに，意外と着目されていなかった。

インタヴューの間も，「高過庵」には，ひっきりなしに見学者が訪れていますね。建築関係らしい人や，外国人，中年の女性も多い。

藤森 中に立てこもって石を投げれそうな，砦みたいな建築が好きなんです。それは，決して女性的な建築ではないと思うけど……。

ぼくの場合，つくった建物は少ないんだけれど，書いてくれる人が多いから，情報量は多い。ぼく自身も書くことは職業。だから，小さい建物が多いわりに，国内外に知れ渡ることになった。

GA 影響力がありますよね。

藤森 別の意味では，影響力ゼロだと思っている（笑）。だって，皆がぼくの建物を知っているのに，誰も追随する人がいない。フォロワーがいない。

GA 確かに（笑）。例えば，陶芸であれば，古典的に変わらない土と釉薬を使って，現代的・前衛的な作品をつくる現代作家がいます。それこそ，デパートで即売会をやって，カルチャーおばさんが集まって来る。もしかすると，作家は不本意かもしれませんが，飛ぶように売れる。その建築版なのかなとも思います。つまり，技術や素材の参照元があって，それを組み換えることによって，見え方を変えている。けれども，一般の人には，元の古典民芸と同じに見えているのかもしれない。

もう一つ気になるのは，スタジオジブリの宮崎駿さんとの類似性なんです。藤森建築が万人に愛されるのは，ジブリの無国籍性がウケるのと似ているのかなと。

藤森 ジブリとの関係はよく訊かれます。実際に，宮崎さんとは知り合いでもあって……。

『広告批評』誌の宮崎さんと養老孟司さんの対談で，ぼ

くの建築が出たことがある。養老さんが、「ニラハウスが好きだ」と言うと、宮崎さんは「神長官が好きだ」。読んでいる普通の人からすれば、意味不明の対談（笑）。

その後、宮崎さんから、「神長官」の壁のつくり方を教えてほしいと直接電話がありました。訊いて見ると、お母さんの家をつくるから参考にしたいと。設計者がやって来たので、色々と教えて差し上げました。

しばらくしたら、また連絡があって、ジブリの若い連中にぼくの作品を見せてやってほしいと。ジブリのスタッフにスライドを見せて、説明したことがあります。その時はちょうど、「千と千尋の神隠し」の制作中でしたね。

面白かったのは、宮崎さんが建物を描く時、まずプランを全部描くらしい。階段の位置まで考えて、全フロアの整合性をつけてから、キャラクターを動かす。街の様子もファサードだけでなく、機能やプランも考える。映るところだけでは、落ち着かないらしい。

それ以来なんですが、ジブリ美術館が出来たから、見てくれないかと言われたり、ひょっこり呼ばれることがあります。

一度、建築系の団体から、藤森×宮崎のトークセッションの企画が持ち上がりました。宮崎さんは人前で話すことが好きではないと聞いていたので、ぼくから口利きはできませんと言いました。

主催者が打診をしたら、「宮崎は藤森さんと話したいと言っているが、今、仕事が立て込んでいて、事務所としては認められません」という返答があったそうです。宮崎さんも、作品に似ている感じがあると思ってくれているみたいです。

自分でも、最近ますます似ている。「空飛ぶ泥舟」では宙に浮かしているし、ジブリ的だと言われてもしょうがない。

宮崎さんの作品は好きだし、雰囲気が似ている部分もあ

って，一般の人にも判りやすい建築になっているのかもしれないけど，ぼくとしては，一般の人にもちゃんとした建築として評価してほしい。

「泥舟」も河豚みたいな，子供が喜ぶ形になってしまったけど，不本意なんですよ。でも，喜んでくれるのは，幸せです。実際に手でつくることを一番喜んでもらいたい。土をいじり，木を切る経験を通して，モノをつくる喜びを知ってほしい。

子供向けのワークショップの依頼は，時間があれば受けることにしています。一緒に，縄文時代の竪穴式住居をつくるのは楽しい。子供向けにメルヘンチックなものを提供するのが，目的ではありません。それは，ジブリ作品にも共通する作者の意図だと思う。

でも，自分の意図と異なって解釈されるのは，悪いことばかりではない。歴史をやっていたので，作者の意図しか伝わらない建築は，作者の人生と共に終わってしまうことを知っている。

作者の意識は，必ず時代の制約を受けます。しかし，優れた作品には，時代の制約に負けない内容が入っている。そんな設計者の意図できない内容が，建築を生かし続ける。

歴史家として，仲間の仕事にもそういう内容が入っているかな？と冷静に見ています。ぼくらが生きているうちに，判ることではないですが。

ラムネ温泉館　2004-05

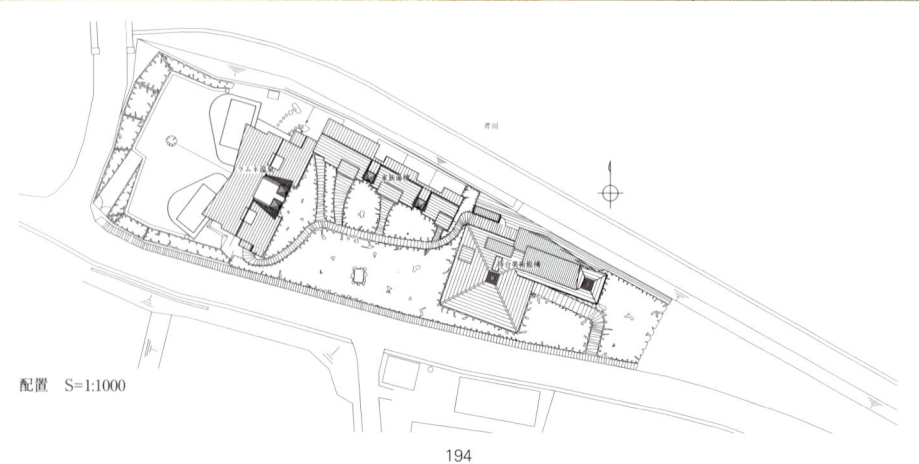

配置　S=1:1000

南より見る全景。左から，ラムネ温泉棟，家族湯棟，待合美術館棟

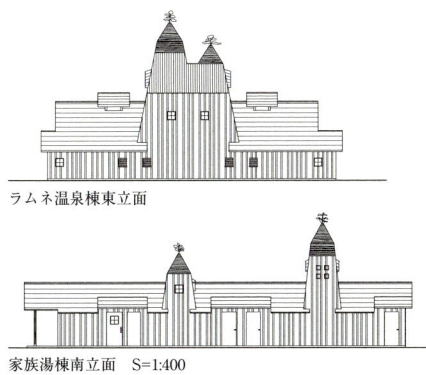

ラムネ温泉棟東立面

家族湯棟南立面　S=1:400

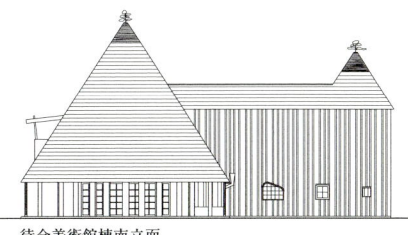

待合美術館棟南立面

□ ラムネ温泉館のこと

藤森 「ラムネ温泉館」(2005年) の施主, 首藤勝次さんは, もともと, 町役場で観光を担当していて, ぼくが知り合った頃は, 大分県会議員でした。老舗旅館の跡取り息子でもあり, 町をどうするか, 温泉をどうするか, 真剣に考えておられた。

GA どういう経緯で, 仕事を依頼されたのですか?

藤森 その数年前に, 首藤さんが, たまたま川原でラムネ泉を見つけたらしい。発泡するお湯のラムネ泉は, 戦前はたくさんあったらしいけど, 温度が低いから嫌われて, 絶滅した。温度が高いと泡は消えてしまうので, 日本でもほとんど例のない稀少なお湯なんです。試しに無人の仮浴場をつくって, 1回100円で開放したら, 大人気。

本格的に建てるため, 建築家を探したが, 誰も気に入らない。そんな時, 知り合いの静岡県会議員にすすめられ「浜松市秋野不矩美術館」(1997年) に行ってみたら気に入って, ぼくに設計を依頼しようと。大分出の赤瀬川さん経由の人脈を思いついて, 赤瀬川隼〜原平経由で私へ。「川原に温泉」と聞いて, 正直, ぼくがやるのかなと思いました (笑)。でも, お会いすると, 建築家のこともよく知っている方で, 町営の「温泉療養文化館 御前湯」(1998年) を, 象設計集団の富田玲子さんに頼んだ経験もあった。その温泉にかける熱意と, 日本はもちろん, 世界中の温泉事情に詳しいことに感心した。

首藤さんの夢は, 湯治場から始まった長湯温泉に, 安く長く泊まれる施設をつくること。実際に, 「ラムネ温泉」が出来た後, 近くにバンガローを建設されています。彼が言うには, 日本の温泉は, 食事を出さなくてはならないことが一番の問題。食事を外すと, 旅館側は色々と楽になるけど, 食事にかかる費用は意外に安くて, 値段を格段には下げられない。だから, やめられないらしい。日本には, お風呂に入って, 山の中でも刺身を食べるという悪しき習慣

がある。
GA ぼくも，あれは疑問です。
藤森　やっている方も疑問だそうですよ（笑）。温泉街にレストランがたくさんあればいい。
GA 旅館が食事をやめれば，レストランが充実するし，町が活性化しそうですよね。
藤森　そうそう。さらに，内湯もやめればいい。城崎温泉が既に実践しています。掃除やメンテナンスといった，内湯に掛かる全エネルギーを共同の外湯に注げば，外湯のレベルは格段に上がる。
　なんと，西山夘三が指導したんです。彼の業績としては知られていない。戦時中，西山研に城崎の老舗旅館の息子がいて，皆で城崎に疎開した。そこで，歴史ある温泉町の衰退した様を目の当たりにする。西山さんはどうすれば，これからの温泉地がよくなるかと考えた。
　戦後，全体構想を提案して，江戸時代からあった外湯の改築を自ら手掛け，亀甲模様をモチーフにデザインを展開した。日本の伝統を継承しないといけない，という気持ちが強かった。それを西山研の学生の黒川紀章が見て，この人のもとではデザインはできないと思ったそうです（笑）。だから丹下研へ，と本人から聞きました。
　日本は，これだけ温泉が盛んなのに，ちゃんとした建築家がつくった名浴場がない。吉田五十八や吉村順三は旅館はやっていても，温泉の浴場はやっていない。知らないでしょ？　参考にする例がない。
GA　参考にしたかった点があるのですか？
藤森　ある。配置と外観はすんなり決まった。周囲の田園風景に開かれた笹の半中庭を囲んで，待合い兼美術館棟と共同浴場棟と家族風呂棟を配置する。軒を低く抑え，草の中から，建物が顔を出すイメージで，外装は焼杉。
　でも，内部のイメージが湧かない。ぼくには，参考にで

ラムネ温泉棟から待合美術館棟を見る

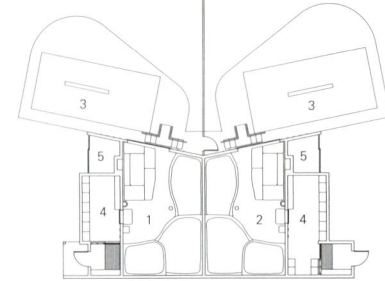

1 男子浴室
2 女子浴室
3 露天風呂
4 脱衣室
5 倉庫

1 家族湯いのしし
2 家族湯しか
3 家族湯ちょう
4 男子用トイレ
5 多目的トイレ
6 女子用トイレ
7 女子用洗面所

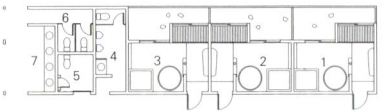

ラムネ温泉棟平面　S=1:400

家族湯棟平面

南東よりラムネ温泉棟を見る

各棟のトンガリ屋根の頂部には
松の木が植えられている

焼杉と漆喰のストライプ模様が派手地味の壁を作り出している

1 待合室
2 受付
3 ホール
4 応接室
5 休憩室
6 展示室1
7 展示室2
8 収納
9 バルコニー
10 吹き抜け

待合美術館棟1階平面　S=1:400

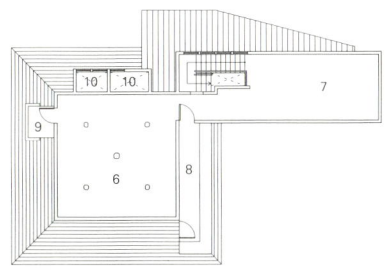

待合美術館棟2階平面

きるような空間体験がなかった。

　ヒントになったのは，首藤さんの昔話だった。子どもの頃，ラムネ温泉に入る時，炭酸ガス中毒を防ぐために，ローソクを持って入り，灯が消えると風呂から出るようにした。暗がりの中に灯るローソクの光が懐かしい，と。

　狭い空間に火が持ち込まれ，湯が立つ空間を言えば，茶室以外にない。調べてみると，茶の湯成立の初期，入浴と茶事がセットになった「淋間茶湯」という茶の形式があったらしい。それはともかく，まず，待合いから中庭を通ってアプローチし，狭い脱衣室で裸になってから，背の低い入口をくぐって浴室に入る。浴室には，小さな暖炉を設ける。寒い時には，暖まりながら入浴し，時には，お茶も飲めたらいい。

　もうひとつ，既存の建築を参考にしたかったのは，技術面。温泉の宿命というべき，壁と天井の結露による汚れをなんとかできないか。

　温泉の中が真っ黒なのは，黒カビが生えるから。檜の板は断熱性があるので，結露しにくいが，それでもやっぱり黒くなる。原理は簡単で，結露しないようにすればいい。浴室の底から始まって，壁，天井に至るまで，全て発泡スチロールでつくり，左官で仕上げることにしました。

　普通，発泡スチロールに直接漆喰は塗れない。幸い，「熊本県立農業大学校学生寮」(2000年) の仕事でエクセル・ジョイントという材料を知っていた。どんなものにも漆喰が塗れる素晴らしい材料です。熊本のエクセル・ジョイントの開発者，渋谷宗一さんに，強度や剥離の実験をしてもらった。ぼくが何か言うと，すぐに実験してくれる（笑）。その結果，渋谷さんも「強い！」とびっくりしていました。浴槽の芯まで発泡スチロールだから，保温性もある。

GA　どのくらいの厚さのエクセル・ジョイントを塗るのですか？

□ラムネ温泉館のこと

藤森 エクセル・ジョイントは2～3ミリでその上に漆喰も2～3ミリ。でも，10年経って，若干カビが出ています。首藤さんは出ないうちだと言うが，ぼくはなんとかしたい。
GA メンテナンスは塗り直すのですか？
藤森 洗車用の水のピストルでジャーっと洗うだけ。
　家族風呂は，浴槽の底面から天井まで全部，真っ白。その中にラムネ温泉を入れてみると，夢のような光景が拡がる。真っ白の中に真っ青な泡立つ湯が入る。イタリアのアマルフィにある，海の洞窟と同じで，中の鉄分で青く見える。首藤さんも初めての経験だった。時間が経つと酸化して，茶色くなってしまうんだけど。
　その夢のような空間に，若い男女が二人で入れるから大人気みたい。ぼくは一人で入りましたけど……（笑）。
GA いわゆる商業的な施設なわけですよね。個人の建物と違って，商業的なイメージを与えてしまう責任感のようなものはあるのですか？
藤森 設計活動の過程で，普通の人たちが喜んでくれることが分かってきたので，心配してなかった。人気があって，順番待ち。
　ヨーロッパの観光地には，静かで自然な場所がたくさんありますよね。そういう感じがあるのではないかな。

ラムネ温泉男湯。壁には真珠貝が散りばめられている。寒い季節には壁に切りかかれた暖炉に薪をくべて暖を採りながら入浴

ラムネ温泉棟男湯

待合美術館棟1階待合室

□ 材料の選択——炭と竹

GA 最近は，焼杉を使われることが多いですよね。

藤森 「神長官守矢史料館」(1991年) の外装材について，割板ではなく焼杉はどうかと，内田祥士くんが言ったことがある。焼杉については知っていたが，表面を焦がしてお化粧した板は嫌だなと思って，その時は採用しなかった。

後に，炭という素材への関心が出てきて，「待てよ」と思った。焼杉は，現代建築では使われていないし，素材としての独特の面白さもある。炭を建築で使うには，焼杉を通常より厚い板で焼けばいいんじゃないか。焼杉の業者さんに訊いたら，そもそも高級な材料ではないから，厚い材は使わないけど，つくることは可能。2センチの板の半分＝1センチの焼いた層があれば，「焦げ」ではなく「炭」ではないか。

そう思って，「養老昆虫館」(2005年) で初めて全面的に採用した。やってみると，焼杉業者のオヤジさんも知らないことを色々と発見する。2センチの板を1センチ分焼き込むと，弓形に曲がる。通常は長さ2メートルだから横の曲がりはたいしたことない。8メートルの板を焼いたので，その分，誤差が大きくなる。付き合わすと，隙間が空いてしまう。その度に現場で，直線が出るように切った。手間と時間がものすごくかかる。それで次の「ラムネ温泉館」(2005年) では，焼杉の間を少し空けている。

間隔をどうするかは悩みの種で，うんと空けると，イギリスのハーフティンバーのように見えてくる。特にイギリスのハーフティンバーは縦に木の部材を入れる。日本人はヨーロッパのことに詳しくないから気づかないけど，イギリス人はたぶん，「ハーフティンバーのようでいいなあ」と言うはず。

良くても，何かに似ているのは，嫌なんです。白黒が1対1だと，葬式の幕になってしまうし (笑)。これは日本人しか分からないけれど，葬式の幕のようだと言われたら，

□材料の選択──炭と竹

施主に顔向けできない。「コールハウス」(SUMIKA Project, 2008年）では，下見板張りにしたり，今もあれこれ実験しています。

GA 「火」に興味を持たれるのと，杉を焼くことはシンクロしているんですか？

藤森 いや，してないと思う。焼杉は，あくまでも炭への関心でしたから。

GA 「炭を使う」という発想は，何かリファレンスがあるのですか？ 構造材にはなりませんよね。

藤森 そうだね……。「浜松市秋野不矩美術館」(1997年）の時に，杉の柱・梁を焦がしたことがある。それは木の表面が汚かったので何とかしたかったんだけど，良い効果は上がらなかった。生の材を強力なバーナーで焼くが，なかなか焦げが進まない。乾いていないせいもあるけれど，1～2ミリくらい焼いて，焦げたと分かるだけ。炭的なものを求めていたので，イマイチでした。

　木材を焦がして使用するなんて，他に例がないから，すごく前衛的だと自己満足してました。当時の天竜市長が，「懐かしい，オレの家も昔はこうだった」（笑）。民家の囲炉裏の上って，黒く薄汚れているものなんですよ。がっかりしちゃった。

　失敗だと思って，炭のこと，焦がすことはずっと忘れていた。思い出したのは，「ザ・フォーラム」(1999年）の時。これは，喫煙所をつくる話でした。炭は，だいたい元の長さの2分の1，体積で8分の1まで焼き締められる。そうすると，普通のノコギリでは，全く歯が立たない。

GA 木材を焼いて石みたいにする。例えば，石炭は，木が鉱物みたいになっていると言える。そういう先祖帰り的な材料の使い方なんですか？ それとも，木を焼いて純化する効果を狙っているのか。

藤森 有機物は最後は炭になるんです。炭になると安定し

ザ・フォーラム

ザ・フォーラム，炭軒　1998-99

履き替えスペースよりザ・フォーラムを見る

履き替えスペースより
炭軒を見る▷

炭軒

2階平面

1階平面　S=1:600

1　ブリッジ
2　履き替えスペース
3　バー
4　ザ・フォーラム
5　炭軒
6　吹抜け

断面　S=1:300

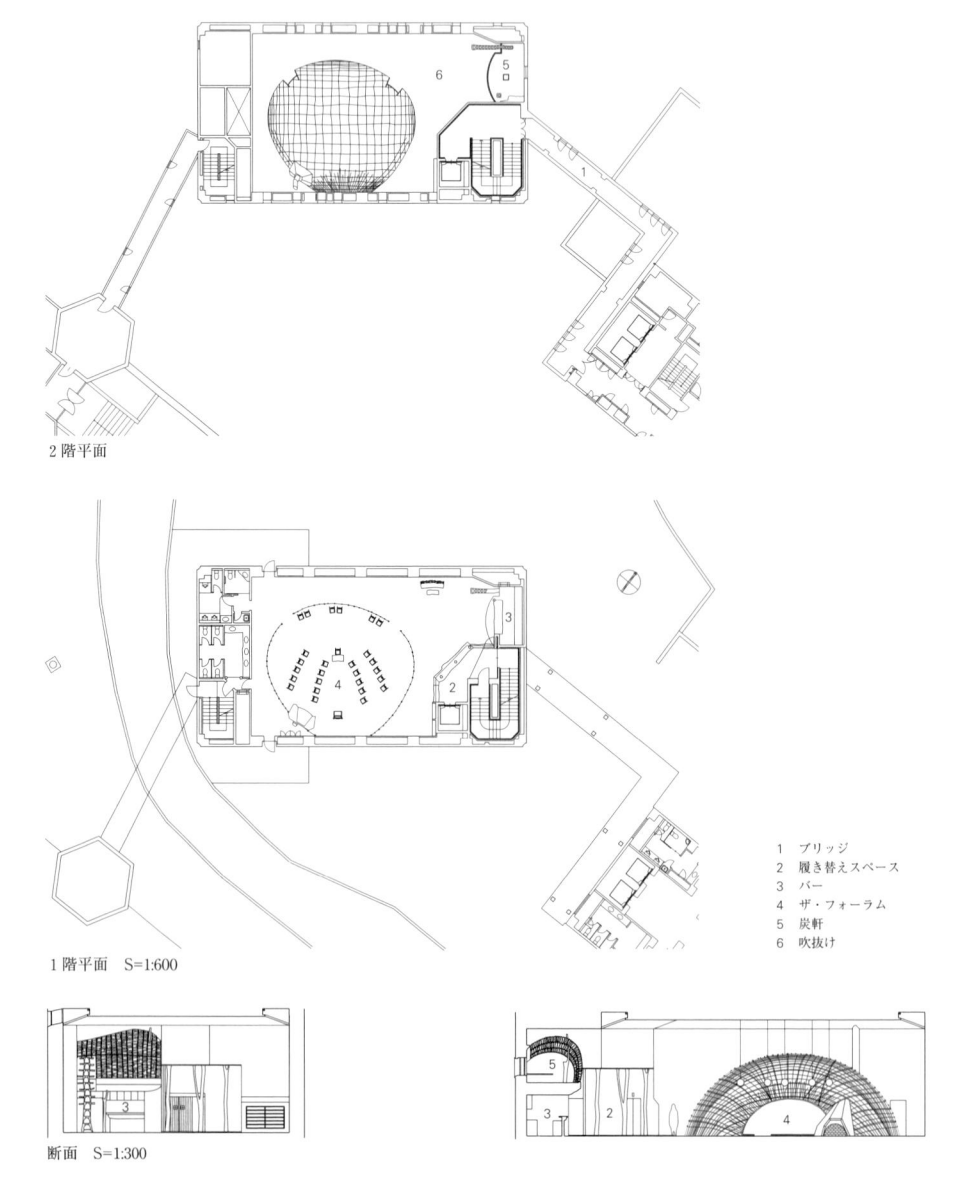

208

て，5000年経っても不変。ダイヤモンドと同じではないけど，とても堅い。酸素さえなければ，高温でも，全く不変。そういう点で，炭が究極の素材であるという意識はあった。

　焼杉を使い出した頃には，究極の材料への関心は，ハッキリとありました。真っ黒だし，色としても究極だよね。今，建材の究極は，土と炭だと思ってます。

GA　木や土につきまとう「和風」や「民家」というイメージから逃げる手段として，黒い強烈な炭を使っているということはありませんか？

藤森　それはないね。仕上げ材として面白いと思ってるだけ。元々，和風への意識がないから，逃げるという感じはありません。

　「フォーラム」の時，竹も使ったが，竹を積極的に使いたいとは思っていなかった。竹は，数寄屋が好む材料です。ぼくは数寄屋が苦手で……。数寄屋的な神経質さではなく，できるだけ大らかに使うことを心がけた。

　自然界の中で，竹ほど成長が早くて，強い材料はない。安価で誰でも扱える材料でもある。だけど，一節一節に日本・日本と書いてある。

GA　隈研吾さんがよく使われますよね。

藤森　平気で使うから，偉いなあと感心してます。ぼくは絶対に，障子や畳は使いません。障子もすごく興味深いですが，ひと桝ごとに「日本」と書いてある。そこで，見る人の判断が止まってしまう。その記号性が嫌なんです。隈さんは記号性も平気みたいで，さすが建築を社会的記号として読んでみせた『十宅論』の著者です。言と形が一致している。言形一致の隈。

焼杉ハウス，松軒　2005-07

南より見る全景

◁ 離れになっている手洗い。軒先の支柱は桑

配置 S=1:1200

東より見る。母屋（右）と既存の土蔵，離れとなっている手洗い（左）

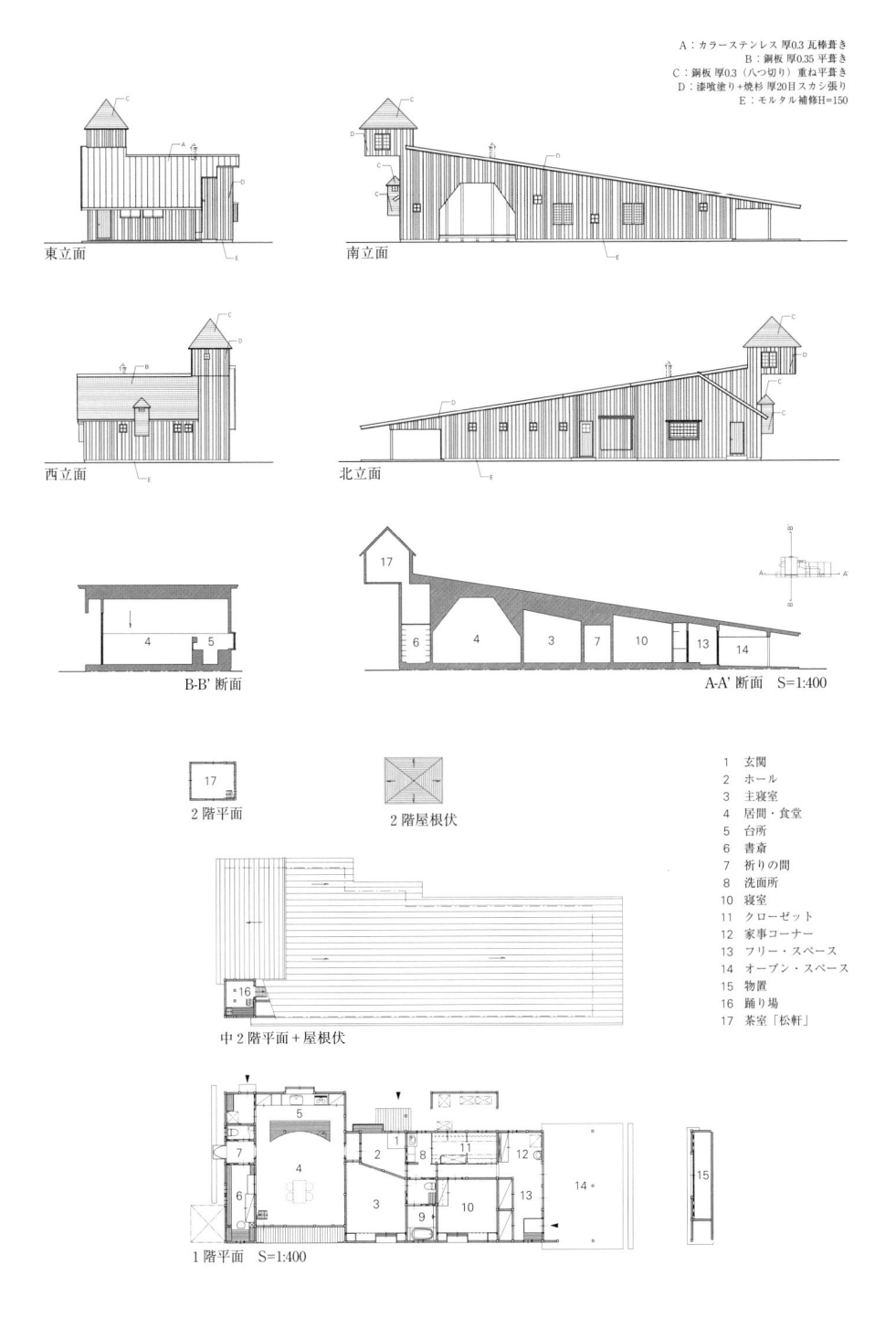

A：カラーステンレス 厚0.3 瓦棒葺き
B：銅板 厚0.35 平葺き
C：銅板 厚0.3（八つ切り）重ね平葺き
D：漆喰塗り＋焼杉 厚20目スカシ張り
E：モルタル補修H=150

東立面

南立面

西立面

北立面

B-B'断面

A-A'断面　S=1:400

2階平面

2階屋根伏

中2階平面＋屋根伏

1階平面　S=1:400

1　玄関
2　ホール
3　主寝室
4　居間・食堂
5　台所
6　書斎
7　祈りの間
8　洗面所
9　寝室
10　寝室
11　クローゼット
12　家事コーナー
13　フリー・スペース
14　オープン・スペース
15　物置
16　踊り場
17　茶室「松軒」

南西角部。2階の張り出し部は茶室「松軒」

北側の玄関

北東より見る

居間・食堂。台所方向を見る

居間・食堂。右の梯子は2階の茶室へ導く

◁台所

祈りの間

台所脇の暖炉

2階茶室「松軒」

茶室「松軒」より南側の庭を見下ろす

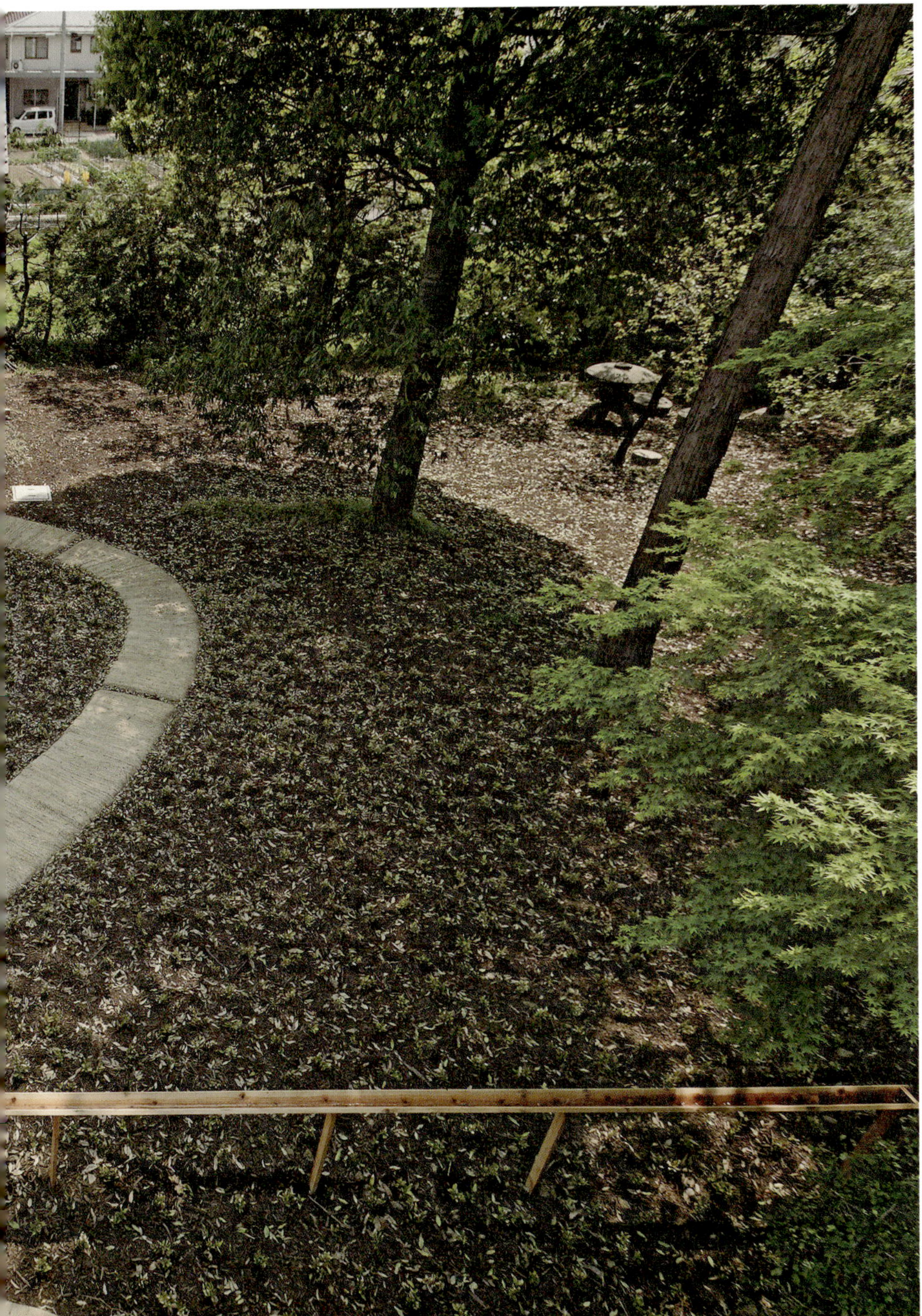

□ 庭か？ 建築か？

GA 藤森さんの設計への考え方をいろいろとお訊きして，とても作庭的だなと思いました。どこに草を植え，石を置き，どんなテクスチャーにするか。つまり，空間ではなくて，ランドスケープのようなもの。

藤森 作庭的か……。考えたことなかったな。ランドスケープとしては，真面目に考えてきた。

「神長官守矢史料館」(1991年) の時は，庭をネギ畑にしたいと思った。でも，市役所に畑は困ると言われた。日本の茶畑や水田は，ランドスケープとして，素晴らしいのに。オカメザサを植えた。「高過庵」(2004年) は自分のものだったから，念願叶ってネギ畑にした。そのネギ畑をお袋が耕していたんだけど，見学者にいろいろ訊かれるから，嫌になって止めてしまった。

両方とも，作庭家の小口基實さんと相談しながらつくった。小口さんは著書もたくさんある方なんですが，1980年頃に茅野の実家の庭を手掛けてもらってからの付き合いです。

庭と建築のどちらが重要かという議論を，彼としたことがある。京都のお寺の縁側に座って，室内を見ている人間がいるかと言われて，確かにそうだ。

もうひとつ，「庭は末期の目で見るべし」という言葉がある。江戸時代の言葉で，死ぬ直前に見て，いいと思える庭こそ良い庭だという意味。または，庭は死の直前に見てはじめて解るという意味。庭はあの世とつながってるからです。歴史的には，浄土庭園もエデンの園も同じように。

例えば，「タンポポハウス」(1995年) には，囲いが全くない。建築の向こうに草が生えている庭があって，さらに先の町や自然と，地べたでつながっている。ぼくの理想は，家の中で暮らしていて，いよいよ死ぬ瞬間にふとんを移動させて庭を見る。ぼくは建築に座って，庭を見て死にたい。

理想の庭は，緑の土塔がぽこぽこ立っていて，雲がかか

っている。孫悟空が飛んでいたら，なお良い（笑）。しまったと思ったのは，「ルーフ・ハウス」(2009年) では，かなり自由にデザインができたから，庭に土塔をつくればよかった。後悔しています。

GA ご自身のためにつくった方がいいんじゃないですか？また，茶室のように引き渡したくなくなりますよ（笑）。

藤森 そうかもしれない（笑）。

誰も頼んでくれないけど，いつか都市の超高層ビルをつくるならどうすべきか，と考え続けています。最初は，タンポポ仕上げとか本気で考えた（笑）。今は，ビルの周りの公開空地に草を植えて，ものすごくお金をかけて管理する。苔でもいい。そこにスーっと美しい，モダニスティックな超高層を建てる。できればミースにお願いして，「レイクショアドライブ・アパートメント」(1951年) をつくってもらう。そして，てっぺんに大きな大きな木を植える（笑）。

GA コラージュですね。建築を建築らしく見せる，なおかつ建築らしさをなくす。藤森建築はその二元的な試みなんだと思います。そういう意味でも，ランドスケープも内部空間も，藤森さんにとっては同じではないですか？

藤森 確かに，言われたら，インテリアの空間性というのは，あまり自分の関心にはならないし，庭をつくっているようなものかな……。

若い連中は，建築と庭の関係について，意識的だよね。藤本壮介さんも，建物のてっぺんに木を植えてた。

GA 宇都宮の「House before House」(2009年) ですね。

藤森 そうそう。「何で植えたの？」と訊いてみたら，ぼくの「一本松ハウス」(1998年) を見た時のショックを膨らませたそうだよ。だけど，まだ理論と実践のバランスが取れていない。2008年のヴェネツィア・ビエンナーレ日本館で植物園をつくった，石上純也さんにも話を訊いてみたいね。

GA あのインスタレーションも，あくまでもイメージに過

ぎない。自然と呼ぶには，あまりにもか細い状況を，自ら好んで設定していますからね。妹島和世さんの感覚にも近い。石上さんが，ああいう透明感を突き詰めていった先に，建築と植物がちゃんと現れてくる方法があるなら見てみたいです。本当に建築を消してしまえば，自然を生かす最適な状況になるかもしれないけど……。

藤森 今，そういう庭や屋上庭園をつくる時に，理論ぽいことを言っている人っている？ 例えば，自分たちがやっていることと，過去の事例との関係を分析したり。伊東豊雄さんだって，「アイランドシティ中央公園中核施設 ぐりんぐりん」(2005年)での屋上庭園を自分の設計論の中で理論化していないからね。

GA 屋上庭園の理論化や，自然と付き合う方法は，技術的な面で，建築は遅れていると思います。医学の世界だったら肝臓の代わりの臓器をつくるというレベルで，人工と自然をつなぐ方法を模索している。

藤森 コンクリートに綺麗に生えて，花が咲く植物とかができればいいのに……。

ベジタブル・シティ，2009年

□庭か？ 建築か？

GA 例えば，平田晃久さんが，植物のメカニズムや原理を建築に援用しようとする。そういうレトリックのレベルでいいのかなあ？という気がするのです。

藤森 藤本くんのヴィクトリア＆アルバート・ミュージアムでの展示は，たぶん，木の枝の中に入ったような感じにしたかったんだと思う。アクリルの中に木のかたちが閉じこめられたようなCGを見た時は，どっちがヴォイドでどっちがマッスなのか，中のような外のような不思議な感じがした。だけど，展示物として，工業製品でつくった時に，誰も木であるとは感じられない。

GA 藤森さんは，うまく自然を取り込む術を知っている気がしますが。

藤森 自然から学ぶことは，本当に難しい。自分もアイディアだけでつくったのが，「ベジタブル・シティ」(2009年)。食える都市です（笑）。真面目に考えて出てくる案のつまらなさを想像すると，笑える方がいい。

　さすがと思ったのは，磯崎新さんと原広司さん。エコロジーについて，どう思うか？と訊いてみたら，両者ともはっきりと設備の問題だと答えられた（笑）。その感覚は，若い世代と確実に違う。若い人たちは，表現の問題だと気づいている。それは，コルビュジエやミースたちが，構造をエンジニアの問題から表現の問題に変換したのと同じです。

　最初は，とにかく建築に植物を植え込んでいくしかないので，先駆者としては，色々な課題にぶつかってきた。自然を表現の問題としてどう捉えるかは重要な問題だが，理論としてどう展開するのか，まだ誰も謳ってないですね。

南東より見る全景

コールハウス　2007-08

1階元間の主室。左奥はガス暖炉

2階茶室

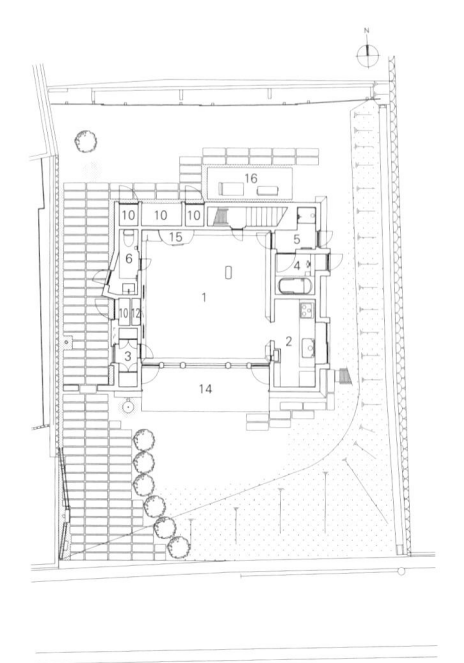

配置兼1階平面　S=1:300

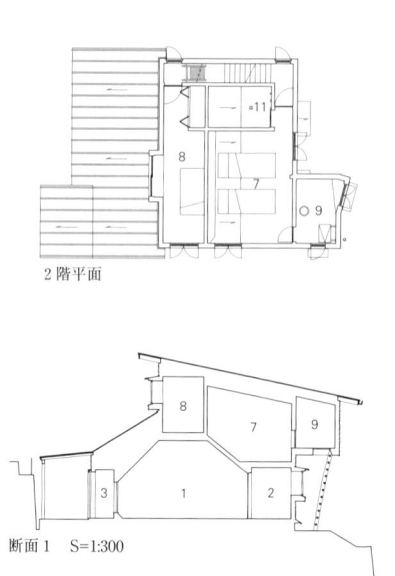

2階平面

断面1　S=1:300

1階主室。広縁越しに南を見る

1 主室
2 台所
3 玄関
4 浴室
5 脱衣・洗濯室
6 洗面・トイレ
7 主寝室
8 寝室（子供室）
9 茶室
10 物置
11 収納
12 TV収納
13 階段室
14 広縁
15 ガス暖炉
16 家庭用燃料電池
　　コージェネレーション・システム

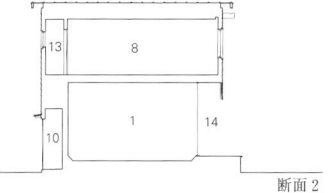

断面2

玄関より主室を見る

2階寝室前の階段室から，子供室へ導く梯子を見る

ROOF HOUSE   2007-09

東側全景。外部照明は藤森のデザイン

主屋の上の茶室

◁南面：持ち上げられたヴォリュームは茶室

東側，玄関を見る

玄関ホール

主室：中庭を見る

中庭より主室を見る

主室（居間／食堂／台所）

□ 屋根と土の力——ROOF HOUSE

藤森　「ROOF HOUSE」(2009年) のある滋賀県近江八幡は, 近くに古い街並みがあり, その向こうには, 八幡様がまします山がある。周りを山に囲まれているから, 山のような屋根をたくさん付けようと思った。

GA　擬態建築ですか？

藤森　そう。基本的に建築と自然の関係は, 元々仲の良くない男女関係の様に難しく, 放っておくと離婚状態なわけです。屋根はその絶対的矛盾を調停してくれる。

　設計を始めた頃から, 屋根は付けてました。コンクリート造でも付ける。屋根の意味について, よく人に訊かれたけれど, 当初は説明できなかった。

　4年くらい前に, 韓国に古いお寺を見に行った。近くの丘に登って, ボーッとお寺を見ていたら, 屋根が小さい。日本の寺社建築は大屋根でつくるが, 韓国では, 小さい建築のヴォリュームに, ポコポコ屋根があって, さらに彼方に, 山がポコポコ見えている。周りの自然の環境とすごく調和していた。形が似てるのともう一つ。軒が下がることによって, 大地へとつながる。屋根によって, 建築と地べたとの関係が良くなると気づいた。

　「ROOF HOUSE」は建坪が大きかったこともあって, 周りの山に呼応するように, ポコポコとした屋根をつくろうと思った。

　材料について言えば, 土と取り組んでみたいと考えた。

GA　それ以前, 土は使われてなかったですか？

藤森　外壁では使ったが, インテリアで土を使ってみたい。「神長官守矢史料館」(1991年) でも土のインテリアを狙っていたけど, 問題が出るので, 結局, 土風のモルタルにした。

　「焼杉ハウス」(2007年) から展開している, 開放的な洞窟住宅にしたい。庭側へは完全にオープンにし, その他の壁は閉じる。さらに, 壁と天井を同じ素材で仕上げる。主室の仕上げは「焼杉ハウス」ではクリ材,「コールハウス」

主室：テーブル, 椅子, ランプは藤森のデザインによる

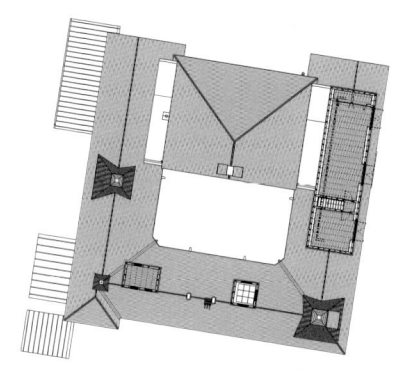

2階平面兼屋根伏せ

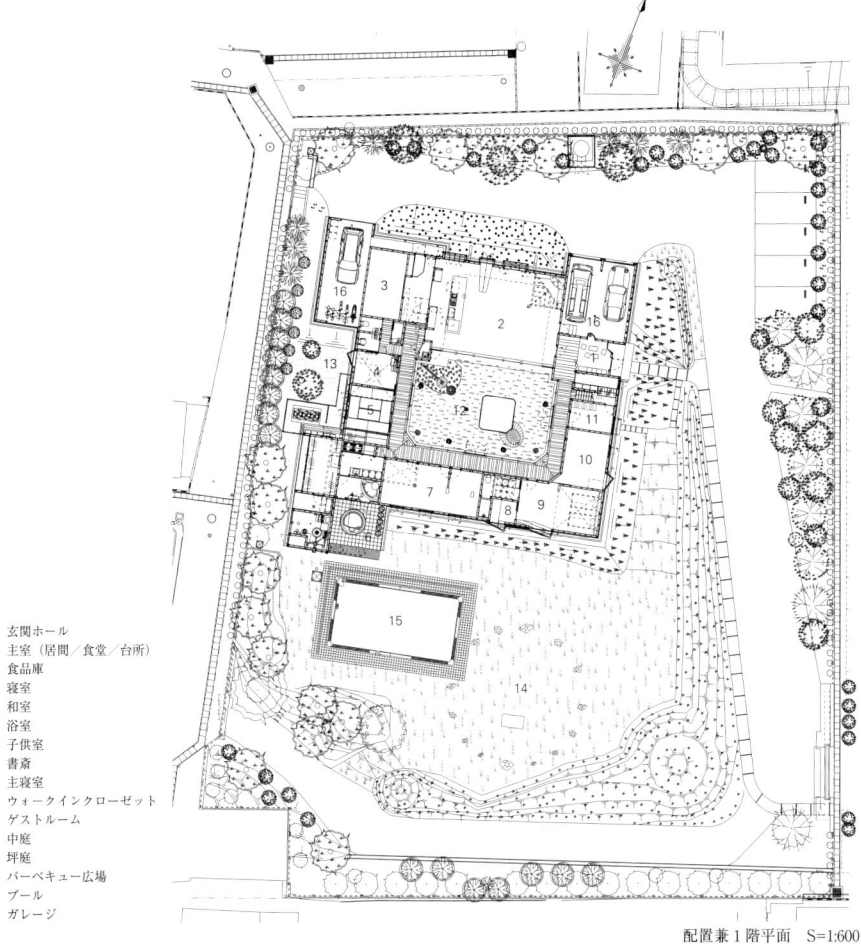

1	玄関ホール
2	主室（居間／食堂／台所）
3	食品庫
4	寝室
5	和室
6	浴室
7	子供室
8	書斎
9	主寝室
10	ウォークインクローゼット
11	ゲストルーム
12	中庭
13	坪庭
14	バーベキュー広場
15	プール
16	ガレージ

配置兼1階平面　S=1:600

中庭

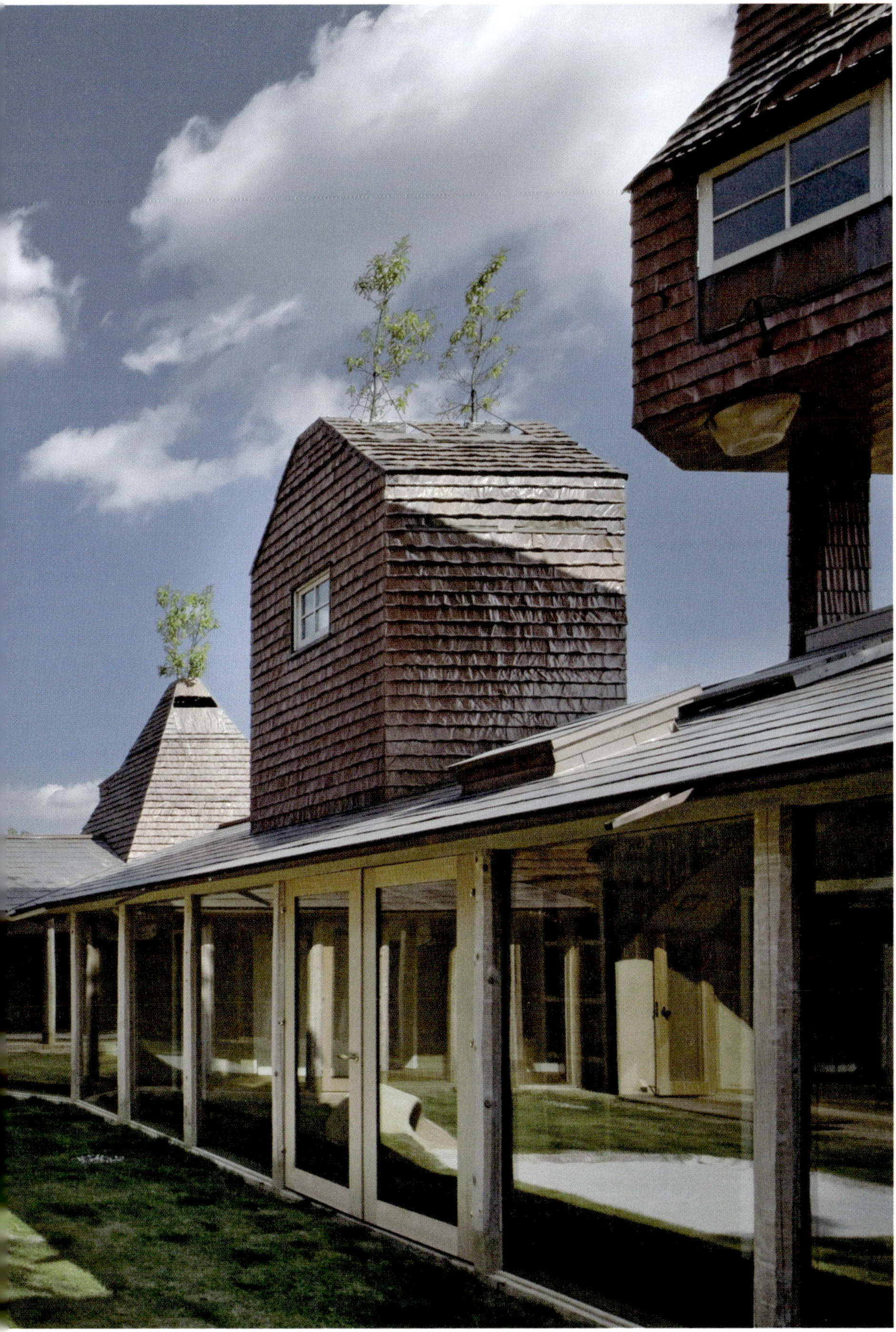

断面詳細　S=1:200

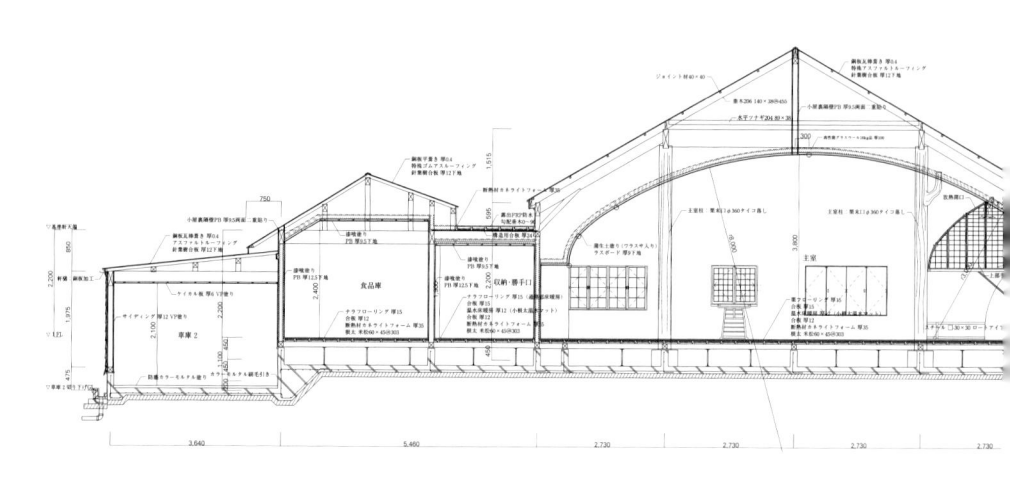

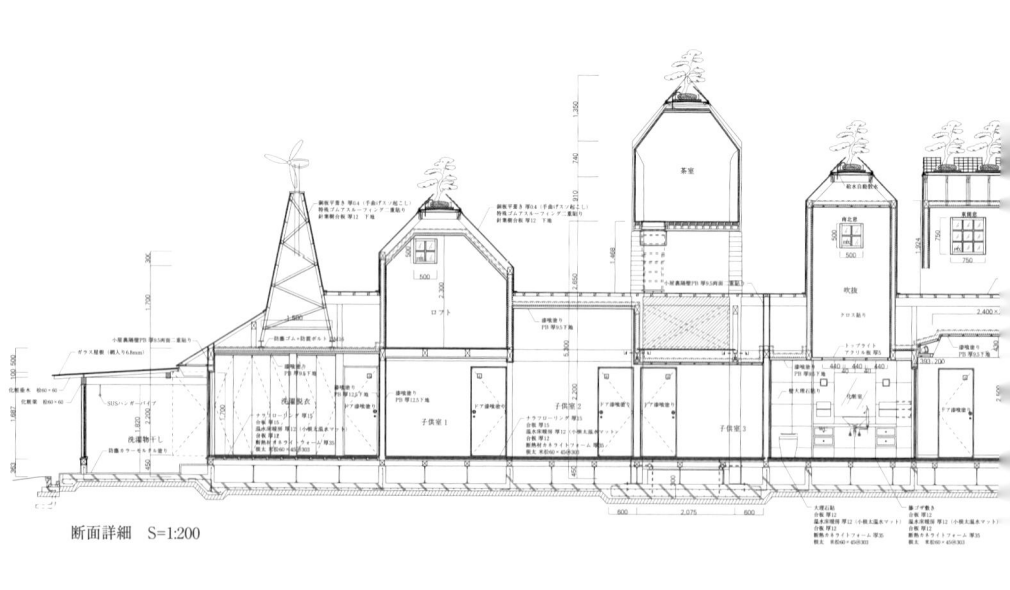

□屋根と土の力——ROOF HOUSE

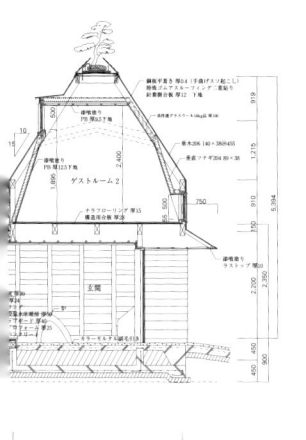

(SUMIKA Project, 2008年)では漆喰を使った。「ROOF HOUSE」では，洞窟住居の原点に帰ろうと考えて，土を塗ることにした。

　主室は，6間×4間＝24坪。50畳くらいの大空間のヴォールトを，土で覆う。圧迫感が心配でした。出来上がって，びっくり。中で佇んでいても，すぐ土の仕上げの存在が希薄になって，ふっと消えてしまう。木や漆喰の場合，包まれている印象がちゃんと返ってくるが，土の場合そんな感じもなくて，野原にいるような感じ。あまりにもやりがいがない（笑）。

GA　色の問題ですか？

藤森　色も材質感もあると思う。

　「ねむの木こども美術館」(2006年)の時，縄文建築団で芝棟に土を盛り上げた。とても暑い日で，いつもは，わいわい言いながら作業してるのに，この時は皆，無口だった。後で訊くと，意識が吸い込まれて，喋る気がしなくなったらしい。土をいじっていると，没入して，意識が消える。土はあまりにも根本的な物質で，人が反応する以前の存在なんだと思う。空とか空気に反応しない感覚に近い。土は，本当に興味深い。

GA　洞窟の問題にもつながっている？

藤森　そうそう。20世紀建築は，個人の意識を中心としてつくられてきた。土はその意識を超えるかもしれない。そこまでやってみようかな……（笑）。

GA　非常に根源的な建築空間への探求で，もはやデザインは関係なくなってくるかもしれませんね（笑）。

□ 間取りの起源を探る——火と洞窟

藤森 最近，歳のせいだと思うんだけど，「建築とは何か」と，えらく抽象的な問題について，真面目に考えてしまう。昔はそんなこと考えなかったんだけど……。

哲学者は，最初からそういう思考ができる人たちでしょう。人間にとって，絵空事を考え続けるのは難しい。だけど，哲学者は絵空事に近い抽象的なことにリアリティを持っているから，思考し続けられるんだろうね。

嬉しいのは，抽象的な疑問を持ち続けている結果，新たな場所を訪れ，初めての建物を見た時に，新たな発見があること。それまで漠然と知っていた建築の知識は，決して安定したものではなく，違う解釈もあるんだと反省する。建築は面白い。建築について考える余地は，まだ十分にある。

GA「建築とは何か」という問いに，答えは見つかりましたか？

藤森 その手掛かりのひとつは，「究極の材料とは何か」。これについては，今のところ，土と炭であると考えています。

もうひとつ，「建築のプランとは何か」。そう考えるようになったきっかけは，とても古い時期の空間に，すごく興味を惹かれたから。初期キリスト教までの建築を丹念に見歩いて，エジプトを飛ばして，世界中のスタンディング・ストーンを見歩き，ラスコーやアルタミラ等の洞窟にも興味を持つようになった。

ピラミッドの出現以降，いわゆる文明ごとの様式が決まってきます。エジプトのスタイルはやがてギリシアやローマにつながっていく。中国のスタイルは東アジアへと広がっていく。そんな様式が成立する以前に行きたいという気持ちが，どんどん強くなった。ピラミッド以前，世界中の建物や生活は，大差なかった。

そして，洞窟を実際に訪れて，最初期の人類の住処が，

□間取りの起源を探る——火と洞窟

　ぼくらがイメージしていた洞窟住居とは全く違うことを知るわけです。動物の壁画が描かれているのは，洞窟の一番奥で，トロッコに乗って30分ほどかかるくらい深い場所。光は全く入って来ない完璧な地下で，お祈りをするための空間だった。そんなところに，人間が住めるわけがない。

　人が住んでいたのは，洞窟の入り口です。要するに，開放的なテラスのような空間だった。洞窟住居というのは，一方が開かれた開放的な空間だった。

　それを知って，「焼杉ハウス」(2007年) では，一方を庭に開放するプランを採用した。モダニズムの場合は多方向に開けますが，ぼくの場合は一方だけ。それでも，モダニズムの持っている基本的な明るさや開放感は，十分獲得できる。囲まれているという安心感もある。モダニズムの建物は中にいる人を落ち着かせないことが，うんと重要なことらしいからね（笑）。

GA　舞台のようですね。オーディエンスは人間なのか……。
藤森　言葉だけで上手く言えば，「ぼくのオーディエンスは山や河」（笑）。
GA　それは容易に想像がつきます（笑）。
藤森　洞窟のことを考えるようなってから，太古の人間が住んでいた家に，ますます興味を持つようになった。それでいよいよ，世界中の民家を見歩く。

　例えば，イギリス北部の民家では，領主が住んでいた立派な家でも，炉すら掘らずに石を敷き詰めた上で火を焚く。要するに，冬の寒さをしのぐために，就寝後もできるだけ床に，焚いた火の熱を残す知恵がある。

　英語のhearthは，炉という意味ですが，homeの語源だそうです。hearthと呼ばれる火の周りにあるものを住まいと呼んだ。火の周りの人間関係をhome，火の周りの施設をhouseと表現する。それを聞いて，納得した。やっぱり，家の起源は火なんだと。

今，火のことで一番，興味があるのは，火が先か？　それとも，家が先か？ということ。
　ぼくたちが知っているのは，家の中で火が焚かれている状態。約１万年前の日本で最も古い定住住居跡の一つ，上野原遺跡（鹿児島県）では，石蒸調理のための集石遺構が発見されています。つまり，火は竪穴式住居の外で焚かれていた。その後，桜島などの火山噴火によって，集落は何回か全滅しているが，その後の竪穴式住居内に炉が掘られるようになった。
　オーストラリアのアボリジニの住居についてまとめられた研究書を見ると，アボリジニも家の外で火を焚いていたことが判る。砂漠地帯で乾燥しているから，雨で火が消える心配がない。冬の寒い時は，火の側で暖まり，食事の際は，皆で火の周りに集まって調理しながら食べてる。それ以外の時間も，小さくて背も立たない丸い草で編んだ家から顔を出して，ずっと火を見ている。火は生活の中心であるだけでなく，精神的な中心でもあった。
　我々は，竪穴式住居が住宅の原型だと思っているけれど，そのもう一歩前の段階に，火と建築が別々にあった時期がある。日本では遺跡として証拠が出てきたし，未だに同様の生活を送っているアボリジニがいる。

GA　つまり，火を絶やさないための覆いが，建築の始まりだと？

藤森　その通り。住宅的な架構は火のためにあって，そこに人も潜り込んだと想像する方が，アボリジニの生活を見ても，正解。やっと，私の理論が一皮剥けた。「家ではなく，火が先」。
　それから，遙か昔から生活の基本となっていた火と，最初期の住居である洞窟は，住宅を設計する際の原理になると思い始めた。

GA　「タンポポハウス」(1995年) の設計時に，何を拠り所

にしてプランニングすればいいのか判らないと仰っていましたね。

藤森　そう！　だから，最近やっと台所にも関心が湧いてきた。さらに，住宅以外であっても，できるだけ火を設えたい。もちろん茶室においても，炉は重要な意味を持ちます。

GA　欧米には暖炉がありますが，日本人はあまり住宅の中で火を重要視してこなかった？

藤森　日本には，囲炉裏と炬燵があります。ただ熱源としてだけで，視覚的に捉えられてこなかった。囲炉裏が消滅したのは煙の処理ができなかったから。ヨーロッパの人たちは洞窟や石造の家で火を燃やした経験から，煙が籠もらないように煙突をつくる対策を培ってきた。日本だと，自然に茅葺から抜けていってくれる。

　そう考えると，フランク・ロイド・ライトのプランは真ん中に暖炉のある十字型プランです。中心から部屋が周囲へと伸びていく。人類の住まいの原型に近い。現代建築だって，原始時代の住宅の原理と近い。藤本壮介さんの「T house」(2005年)なんて，真ん中に火を置けば完全に縄文住居（笑）。

　伊東豊雄さんが，ぼくの平面図を見て「プランニング以前の間取りだ」と指摘したが，火と洞窟という，まだ間取りもなかった時点まで抜け出た感じです。

□ 国籍不明建築の正体

藤森 「ヴェネツィア・ビエンナーレ」(2006年)の経験は大きかった。日本館のコミッショナーに指名された時,歴史家としてならともかく,もう作家としても目覚めていたので,他の建築家を選ぶなんてできないと思いました。ヴェネツィア・ビエンナーレには鼻も引っ掛けてもらえない駆け出しの建築家なのに……。苦し紛れに,自分で出てもいいのであればやりますと言ったら,それでもいいことに(笑)。

ビエンナーレのヨーロッパでの関心の強さはすごいですね。そんなことは何にも知らずに行ってみたら,オリンピック状態だった。その後,世界中からぼくの建築を見たいとやってくるし,海外からの依頼もポツポツ来るようになった。

GA 日本の建築の輸出という意味で,藤森さんは,欧米人に新しい見え方を提示されたと思います。国籍不明なんだけど,日本建築の教養がない人が見たら,和風に見えなくもない。外国人の反応はどうでした?

藤森 日本風と言った人はいない。

GA ぼくは,イッセイミヤケ,コムデギャルソン以降の世界における日本のデザインの位置づけについて,興味があります。例えば,隈研吾さんがやっておられる「日本」もありますよね。

藤森 隈さんのは,純粋な日本ではないよ(笑)。

GA そうです。「那珂川町馬頭広重美術館」(2000年)を見ると,和風にも現代建築にも見える。今後,そんな多義性が日本の商品になるのかなと思っているところに,藤森さんとお話する機会になった。

藤森 隈さんが,テレビで「根津美術館」(2009年)の説明をしているのを見てびっくりした。平気で「竹を使って……」とか「これは日本の伝統的な……」と説明している。一般の人向けに判りやすく話しているからなんだけど,ぼくは

そんな説明は絶対にしない（笑）。「隈，さすが！」と思った。

GA　隈さんは，日本の伝統手法を記号として肯定的に使う手口を知っている。藤森さんも同じように，自身のデザインの中にある日本性を逆手に取り，そこから抜け出したニュースタンダードみたいなものをつくっていっている気がするのです。

ご自分のデザインの無国籍性や日本性について，どのようにお考えですか？

藤森　「神長官守矢史料館」(1991年) を設計している時，そのあたりの壁を踏み破っちゃったと思う。初期案で日本的な民家風にして行き詰まった。もっと前の歴史，それも文明ごとの建築の形式が成立する以前まで遡らなくてはならないと考えるようになった。材料や仕上げにこだわるのも，それはスタイルではないから。日本／世界といった形式に囚われる心配がない。

もし，ぼくの作品が日本的に見えるのだとしたら，木を使っているから。ライトやアアルト，シーランチ等は少数派で，建築家がちゃんと木を使う伝統は欧米の一部にしか残っていない。でも，日本において，木造はスタンダードだからね。

もうひとつ，日本では，建築家に民家的な素養があることが大きいと思う。ぼくや隈さんのバックにも，その素養がある。今和次郎や二川幸夫さんのせいで（笑），民家を現代建築として見る目が養われた。二川さんが組んだ伊藤ていじさんが，日本建築史の中心人物だったことも大きい。世界に例がない。

GA　欧米のちょっとアカデミックな人は，民家なんて建築ではないくらいの発言をしますよね。

藤森　例えば，フランスでは，民家は地理学や民俗学の分野であり，建築ではない。柳田國男の範疇です。

ぼくは，生まれ育ったのが茅葺きの民家だから，既に知っているという感じがして，ずっと興味がなかった。それどころか，嫌悪感すらあった。歴史家として，どれくらい民家に興味がなかったかというと，飛騨の「吉島家」は，二川幸夫さんの写真でしか見たことが無い（笑）。吉島さんに来てくださいと言われているんだけど。

　設計を始めてから改めて民家を見ると，面白くてびっくりした。だから，世界の民家も見るようになった。そうすると，日本もイギリスも基本的に木の組み方は似ている。木の種類の違いが，微妙な変化を生んでいるだけだと判った。

GA　前にも仰っていましたが，見方を変えると，藤森さんの木造はハーフティンバーのように見えなくもない。

藤森　そうそう，見えちゃう。知識はありますから注意してます。ログハウスをやらないとか。ログは世界中にあって，日本にも校倉があるし，アイヌも使ってたし，うんと古い技術です。今は北欧風のイメージになる。

　木の柱が象徴的に立っているのは日本だけ。欧米では柱は壁の一部です。日本には，床柱とか大黒柱とか，柱に象徴性を与える伝統がある。ぼくは基本的に大壁と独立柱にします。できるだけ注意はしているけれど，木の柱を独立して立てるので，日本的だと思われるかもしれない。石器時代には，柱の象徴性は世界中にあったことなんだけどね。

GA　何かのきっかけで和風やハーフティンバーに見えてしまうのは，様式より低いレベルでの効果があるのだと思います。例えば，「床柱」と名づけた途端，そこが和風に見えてくる。

藤森　茅野の実家の玄関を改修した「玄庵」（2006年）でも，ベンチと柱があるだけなんだけど，花を置いて設えると床の間に見えてくる。床柱のようにならないように，注意深く設計したつもりなのに。

□国籍不明建築の正体

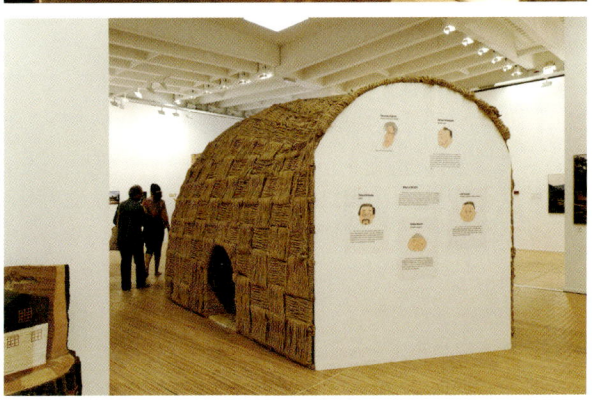

「誰も知らない日本の建築と都市」
第10回ヴェネツィア・ビエンナーレ建築展
日本館,2006年
コミッショナー:藤森照信

GA 床の部分にマリア像でも入っていれば,違うものに見えて来るんでしょうね。
藤森 一気に古い教会のようになる(笑)。
GA 人間って,その程度の幅で見ているのかもしれません。
藤森 スタイルではなく,見立ての問題があって,分水嶺みたいにちょっとしたことでどちらにも転んでしまう。柱が独立してあることと和風は関係ないのになぁ……。
GA それは諏訪の特殊な事情があって,体に染み付いていることが出ているのでしょう(笑)。「熊本県立農業大学校学生寮」(2000年)の柱の立て方は意識的に抽象化した現代的な処理で,原風景をあぶり出していると思いました。
藤森 不思議なものですが,柱があって水平な板がからんだ途端に日本的になる。柱や水平な板はどの国にもある。日本建築は時間を掛けて,とても単純なことを象徴にまで持っていった。だから,和風の粋の数寄屋は時代を超える力を持ってるのか! ネオ・バロックの時代に成立した様式ですよ。

その単純な原理は,もしかしたら,様式成立以前のごく自然なものなのかもしれない。つまり,基本的な材料を使って,ごく普通の人間が考える基本的なやり方が,結果として,伝統的な和風建築として様式化してしまっているのかもしれない。

GA 藤森さんは日本的に見えないようにしている反面,間取りにしても,空間の用途にしても,常識的なレベルで日本人をやっておられるし,自然にそのように説明される。その結果,和風に見えるのかもしれません。外国人が見ると,また違うのかもしれませんが……。

「茶室」という枠組みも影響ありそうです。あの大きさの建物が他にないから。
藤森 ぼくが日本でつくっている茶室を見て,海外から依頼が来る。しかし,決して茶室をつくって欲しいわけでは

玄庵,2006年

ない。小さな部屋，隠れ家のような場所をつくって欲しいと。王立メルボルン工科大学（RMIT）の美術館の依頼でつくった「Black Teahouse」(2009年)もロンドンのヴィクトリア&アルバート・ミュージアムの「ビートルズハウス」(2010年)もそうでした。ぼくがそれを，茶室と読み替えているだけです。だって，隠れ家って適当に探すもので，わざわざつくるものじゃないから。

「ビートルズハウス」を展示した『1:1 Architects Build Small Spaces』展では，7組の建築家による作品が出展されていたけど，他の人たちは建築になっていなかった。建築としての文脈がないから，彫刻みたい。ぼくの場合，茶室の文脈で考えると，建築としての用途や寸法が素直に生まれる。

今は確信を持っていますが，茶室というのは，空間の基本単位ですよ。大事なのは，火を入れたこと。それで，人類の住まいの原型につながった。利休はお茶の名を借りて，建築空間の基本単位の実験をしていたんじゃないか。

だから，茶室という極小空間は，建築家たる者，皆が設計してみた方がいい。ミースやコルビュジエやライトやガウディが「自分ならこうやるんだ」とつくった茶室の中で，お茶を飲んでみたかった。

ビートルズハウス，ロンドン，2010年△▷

忘茶船，台湾，2010年

◁△Black Teahouse，メルボルン，2009年

入川亭，台湾，2010年

□ 巨匠論——欠落と突出の末に成し得るもの

□スタイルの確立——文明成立以前／20世紀建築

藤森 ぼくは本当に伝統的な田舎で育った。だから東京にも憧れたし、西洋館の研究もした。ヨーロッパの歴史を追体験的に学んで、結局、設計をする段階になって、遥か昔のことに興味を持つようになった。生まれ育った場所から、どんどん上がって行って、上昇して、一気に下降して、土の中に入って、変な世界へと突き抜けてしまった。そして、突き抜けた先である太古の世界にも、文化や地域の個別性を超えたインターナショナル・スタイルがあった。

ぼくは今、歴史家として、人類のはじまりの建築の成立史と、20世紀建築の成立史に興味がある。

GA その間は、研究をされたものの、もういいやという感じですか？

藤森 ぼくがやらなくてもいい（笑）。人類のはじまりの建築の成立と、20世紀建築の成立がパラレルに見えて仕方がない。

モダニズムは、それまでの歴史的な積み重ねを、一切無視して、成立した。まず最初に、アール・ヌーヴォーによって、歴史が捨てられはじめる。でも、この段階では装飾は残していたから、かなり自由な表現が生まれた。その後、装飾を捨てるドイツ表現主義が出てくるけれど、煉瓦などのテクスチャーは残していく。ハンス・ペルツィッヒなど、村野藤吾さんが好きな建築家たちですね。

次の段階では、テクスチャーすら捨ててしまうことで、デ・スティルが成立する。でも、凸凹は残っていたので彫刻的だった。それが、バウハウスの出現によって、凸凹すら無くなってしまう。完璧に同じものを積み重ねる難しさについては、アメリカに渡ったミースがクリアし、超高層ビルを実現する。

モダニズム史を大まかに振り返ってみただけでも、歴史

□巨匠論——欠落と突出の末に成し得るもの

的様式，装飾，テクスチャーと，着実に捨てられていった。
　太古の人類はその逆の過程を踏んでいる。例えば，ストーンヘンジでは，プランなんて意識は希薄で，高さだけを追求した。石を積み上げることに気づいた人類は，ピラミッドのような構築物をつくり出したので，ファサードができた。一方，ギリシアやローマでは，パルテノンやパンテオンなど，インテリアを意識した組積造建築が生まれた。
　そうやって人間は，地域を超えてものを波及させていった。最初のインターナショナルの条件は人類。材料は自然。安定した建築の形式がない中で，どうやってモノをつくっていくかという試行錯誤を繰り返していた。20世紀のインターナショナルも条件は人類。材料は工業製品。人類が積み重ねてきた様式や形式を一切捨てて，もう一度，ゼロから再構築する。
　生産や社会や技術，人間の本来的な美意識，人間を超えるものへの憧れ……。そういうものが様々に絡み合って，一つの形式が生まれた。つまり，人類史の前と後の二つの時代に，世界各地でバラバラに発生した建築の源たちが，一体化した。ぼくには，人類が二度行った，建築というものを生み出す実験に見える。
　構造への関心が欠落していたり，平面への関心が欠落していたり，技術や装飾への関心が欠落していたり，あるいは逆にそれらが突出していたり……。欠落と突出があって，変なものに見えてしまう昨今の世界の建築も，もしかしたら，前兆なのかもしれません。

□コンクリートへの関心とその表現

藤森　日本の近代建築史をちゃんと調べてみると，語られていない変な人たちが，埋もれていることが判る。つまり，一部の関心だけが，極端に進んでしまった人がいる。大正

〜昭和初期の建築家・本野精吾などは，その典型。

彼がドイツに留学した時，ペーター・ベーレンスの建築に惹かれたようです。当時，ドイツ工作連盟では，大論争が起きていた。建築に美は必要なのか？　ベーレンスは必要だと主張していて，不必要だと言っていた大ボスが，師匠のヘルマン・ムテジウスだった。建築は機械でいいと言っていたムテジウスに，ベーレンスは抵抗していた。

本野精吾：本野精吾自邸

そんなベーレンスに惹かれた本野は，日本人で初めて表現主義を脱したベーレンス建築を見た。帰国後は，京都高等工芸学校（現・京都工芸繊維大学）で教鞭を執るかたわら，設計活動を行った。現存するコンクリートブロック造の「本野精吾自邸」(1924年) を訪れると，ベーレンスに学んだであろう，構造と材料を一致させて表現しようという意志が，ひしひしと伝わってくる。だけど，「旧鶴巻邸」(1929年) で打放しにすればいいのに，打ったコンクリートの表面を削ってしまう (ビシャン叩き仕上げ)。本野は打放しに気づかなかったんです。

ぼくは，打放しこそが，コンクリートの表現だと理解していたので，ちょっと苦い感じで本野の仕事を受け止めていた。ある時，そんなニュアンスで本野精吾について講演したら，たまたま，会場に林昌二さんがいた。彼が手を挙げて，本野精吾は正しいと仰った。戦後，林さんは，「旧掛川市庁舎」(1955年) で初めて打放しに挑戦したけど，その時に，違和感があったらしい。理由を伺ってみると，どう見ても，コンクリートの表現ではなく，型枠の表現だ。言われてみれば，安藤忠雄が，あれほど型枠に凝るのは，打放しは型枠の表現だと理解しているからなんだ。

本野も同じ様な感覚だったに違いないとも仰っていて，ぼくは愕然としてしまった。確かにその時，世界中見渡しても，打放しコンクリートは，唯一，ペレの「ル・ランシーの教会」(1923年) だけだったからね。

□巨匠論——欠落と突出の末に成し得るもの

ともかく，本野さんは，コンクリートらしい表現を純粋に追い求め，その仕様だけにこだわった。そんな人物だったから，歴史的には忘れ去られてしまった。後の歴史家が調べた結果，この人は，コンクリートに関してはとんでもないことをしてたぞと気づかされる（笑）。
GA 歴史家，藤森照信が気づくわけですね（笑）。
藤森 日本で最初に打放しに注目したのは，アントニン・レーモンドだった。「自邸」(1924年)で実験的に打放しコンクリートを使いました。でも，そのまま続けるかというと，日和るんです。それで，コルビュジエはレーモンドのやり方に学ぶ。「レーモンド自邸」は，竣工前にフランスの建築雑誌に出ていたので，コルビュジエはその記事を見ていたはずです。実際，コルビュジエの打放し表現は，「レーモンド自邸」に遅れること4〜5年後になる。レーモンドもコルビュジエから色々とパクっていますけれどね。
GA 「夏の家」(1933年)で，レーモンドが模倣したことを，コルビュジエが知っていたことは有名な話ですよね。
藤森 レーモンドも打放しをパクられたことを知っていたと思う。だから，まったくビクついていなくて，自分はコルビュジエより上手いくらいに思っていたんじゃないかな（笑）。

□分岐点——パリ万博日本館

藤森 もう一つ，最近判ったのが，戦前のミースは，柱と梁の組みがまったく成っていなかった。柱だけが立っていて，そこには秩序すらない。「バルセロナ・パヴィリオン」(1929年)も「トゥーゲントハット邸」(1930年)も，勝手な位置に柱がある。そして，どちらも梁は一切露出していない。
しかし，ドイツからアメリカに渡った途端，ミースの作風はガラっと変わる。「レイクショアドライブ・アパートメ

オーギュスト・ペレ：
ル・ランシーの教会

ント」(1951年)などを手掛けるようになると,急に水平・垂直による直交グリッドの秩序が見えてくる。

　その間に何があったか。坂倉準三の「パリ万博日本館」(1937年)によって,鉄骨による柱・梁の軸組みの魅力に気づいたからだと思う。「日本館」は世界で初めて,H鋼を露出させ,柱梁による直交グリッドの秩序を表現していた。

　それまで,ヨーロッパの人たちは鉄骨で柱を顕しにしても,梁までは意識していなかった。コルビュジエの「ドミノ・システム」にも,柱とスラブしか描かれていません。当然,スラブの中には梁があるはずなんです。

GA　ミースが「日本館」を見た記録はあるのですか？
藤森　『評伝ミース・ファン・デル・ローエ』(フランツ・シュルツ著)を読んで,万博中,彼がパリに行っていたことは判った。『評伝』によると,渡米する交渉をパリで行っていた。その時に,「日本館」を見ないわけがない。

　なぜなら,あの万博は「ファシズム対モダニズム」の闘いの様相を呈していた。ファシズム陣営ではシュペアがドイツ館をつくり,モダニズム陣営ではアアルトがフィンランド館,セルトが自由スペイン館をつくり,ピカソのゲルニカが飾られた。ミースは,ナチスに追われた人です。アメリカに渡る算段をしていても,パリ万博に関心を示さないわけがない。

　ル・コルビュジエは当然,「日本館」を支持していたはずです。坂倉さんはコルビュジエの事務所に間借りして,図面を引いていたから。審査員であるペレは,ゴールドメダルを与える。そして,二川幸夫さんの証言によると,フランク・ロイド・ライトは,なぜ屋根を掛けなかったのか？と,坂倉さんに問うた。ミースは,黙ってパクって,アメリカに去っていく。

　坂倉さんは,ものすごく突出したデザインをしてたんだけど,その決定的意味に自分で気づいていなかった可能性

ミース・ファン・デル・ローエ：
レイクショアドライブ・アパートメント

がある。現に，その原理を追求せず，コルビュジエ風のコンクリートへと回帰していきます。唯一気づいたミースは，自分のデザインを決定的に変えて，鉄とガラスの表現を完成させる。

そういう意味で「日本館」は，日本のモダニストだけでなく，世界のモダニストにとっても，分岐点になっていた。

□丹下健三の影響

藤森 日本工作文化連盟による『現代建築』という雑誌がありました。その創刊号（1939年6月号）で特集されたのが，坂倉の「パリ万博日本館」だった。しかも，編集者は丹下健三。当時の日本のモダニストたちは，「パリ万博」を起爆剤にしたかったのだと思う。

その後，丹下さんは打放しコンクリートによる柱梁の表現を追求していくことになります。丹下さんのコンクリート表現は，当時のアメリカに大きな影響を与えた。少なくとも，ルイス・カーンとポール・ルドルフは影響を受けている。

GA ルドルフは，確かに影響を受けていますね。

藤森 ルドルフは「香川県庁舎」(1958年) を見に来た。神谷宏治さんが，案内した。

もう一人，影響を受けた人を挙げるとすれば，エーロ・サーリネン。実は，丹下さんから，サーリネンの「ディア・カンパニー本社」(1963年) は，「旧東京都庁舎」(1957年) と似ているけれど，どうしてだろうと尋ねられたことがある。「知っています。サーリネンがパクった」とお答えした（笑）。

早稲田の穂積信夫先生から聞いていた。自分が「旧都庁舎」に案内したから，サーリネンは真似したと仰っていました。突然，サーリネンから，東南アジアへ行くついでに

急遽来日すると電話があったそうです。「旧都庁舎」を見たいから，案内してくれ，丹下には今回会わない，と。

1週間ほど滞在して，「香川県庁舎」や「広島平和記念資料館」(1955年)を見たという事実は，坪井善勝先生(1907～1990年)も書き残されています。サーリネンの最晩年か亡くなった後に，坪井先生が彼の事務所を訪ねて大歓迎を受ける。そこでびっくりしたのは，自分たちが描いた「香川県庁舎」などの図面が，事務所内に貼ってあった。そして，所員たちから，こんなに細いRC梁を実現するにはどうやって配筋すればいいんだ？などと細かく訊かれた。

当時のアメリカ建築界は，丹下さんによるRCの柱・梁や美しくコンクリートを打つことに，大きな影響を受けていた。

GA カーンについては？

藤森 彼は，ずっとRCの壁構造で設計をしていました。しかも，「イエール大学アートギャラリー」(1953年)のように，内部でこそ打放しで表現しているが，外装に関してはタイルや煉瓦を貼るスタイルだった。その後，1960年に日本で行われた「世界デザイン会議」に参加するために来日します。

帰国後，イエール大学に二つ目の仕事として着手した「イエール大学英国美術研究センター」(1974年)は，打放しの柱・梁を全面に出している。丁寧につくったコンクリートは，外観にも使えるということに気づいたのだと思う。来日した際に丹下さんの建築を訪れたのではないか？

丹下健三：旧東京都庁舎

□起点——伊東豊雄

藤森 昨今の日本の現代建築における若い人の動きは，伊東豊雄さんから始まっている。

伊東さんの実験はいくつかありますが，一つは，内部と

□巨匠論——欠落と突出の末に成し得るもの

外部の反転を試みている。最初に気づいたのは、「下諏訪町立諏訪湖博物館・赤彦記念館」(1993年)。これは、「中野本町の家」(1976年)を反転したものではないかと思った。「中野本町」の内部の白いなめくじのような、ババロアのような空間を反転すると、「下諏訪」になる。それを伊東さんに言ったら、驚いてました。

「せんだいメディアテーク」(2001年)は、模型の段階ではチューブ状の柱の上部が塞がっておらず空いていた。それがとても不思議だった。柱の内側は外なんだろうかと。独立柱の内側を反転したような空間に思えました。しかし、外観の問題は解けていませんでしたね。内部で反転を行うことで、外観の論理が消えてしまっている。伊東さんは外観を何もない状態にしたかったんだと思う。しょうがないから、ガラスを嵌めている。空間の実験は、基本的にインテリアの実験で、外観は基本的にあっては困るものとして捉えられている。

GA 伊東さんは二通りやっていて、「せんだい」は、インテリアの実験であり、その空間をどこで断ち切るかでファサードが立ち上がる。一方で、「TOD'S表参道ビル」(2004年)では、外観の実験を行っています。

藤森 スペインの見本会場(「バルセロナ見本市・グランビア会場」、2003〜07年)の施設も外観の実験だね。ねじったり、ゆらゆらさせたり。ただ、外観で実験したことと内部で実験したことは今のところ、接点がない。いずれ、その接点を見つける人が出て来るのでしょう。

外と中をつなぐのは、ライト以降モダニズムではよく見られたが、内と外を反転するのは伊東さんが始めて、それ以降の日本の空間実験の起点になった。

反転というテーマでは、赤瀬川原平さんが「宇宙の缶詰め」(1964年)という作品をつくっています。缶詰めのラベルを剥がして内側に貼る。つまり、缶の内部＝宇宙。当時の

伊東豊雄：中野本町の家

前衛芸術家が頭の中で考えていたことなんですね。
GA いまだにその反転の問題は解けていない。レム・コールハースだって，かなり大きい比重で，内と外の反転を繰り返し試みていますが……。
藤森 まだ誰も解ききってはいない。まだ，内臓が外に飛び出ているような状態だからね（笑）。

□「バラバラ状態」の可能性

GA 伊東さん以降の若い世代についてはどう思われますか？
藤森 最近気づいたのが，西沢立衛さんや藤本壮介さん，平田晃久さんたち若手と話していると，方向は全然違うんだけど，何かぼくと似たようなことを考えている気がするのです。だけど，彼らのデザイン・ヴォキャブラリーは，基本的にホワイト・キューブでしかない。つまり，初期モダニズムですよ。

　例えば，西沢さんの「森山邸」（2005年）のような「分離住宅」は，それまでも，学生コンペによく出てきて，ぼくは「分離派」と呼んでいた（笑）。それを最初に実現したのは山本理顕さんです。「山川山荘」（1977年）や「岡山の住宅」（1992年）で試みていますが，元は黒沢隆さんの個室群住居です。また，妹島和世さんは岐阜の県営住宅「ハイタウン北方」（2000年）で，集合住宅の中に離れを置くという実験をしていた。「森山邸」はそれを最も高い純度で完成させたものです。

　遡ると，赤瀬川さんが，小説「風の吹く部屋」（短編，1983年）の中で，階段や風呂，部屋が都市に分散されていく様子を書いていた。概念としてとても面白くて，建築界の近年の状況に酷似している。赤瀬川さんは，イメージとしてすでに考えていた。

□巨匠論——欠落と突出の末に成し得るもの

「森山邸」の各キューブの大きさや配置のコントロールはとても新鮮でした。でも、ぼくの見解では、新しさではなく、あくまでも欠落なんだ。皆が集まって住み暮らすという状態に対して、何かを欠落させることで「森山邸」は成立している。もちろん、今までの住宅のプランを変える突出した力があることは認めます。結局、現代日本の建築がやっていることは、「森山邸」に代表されるように、欠落とそれゆえの突出なんです。

機能もバラバラ、部屋もバラバラという状態は、難民キャンプの姿を彷彿とさせる。例えば、原広司さんによる難民の家「実験住宅・コルドバ」(2005年) などは、誰もが実現し切れていない大事な問題に手を付けている気がする。

GA 難民キャンプですか……。

藤森 原始時代の家って、世界的に二つのタイプに分けられる。一つは分棟型。もう一つは大屋根型。幸い、日本にはどちらの形式もあって、わりと暖かい鹿児島の遺跡から分棟型が発掘され、関東以北の遺跡からは大屋根型も発掘されている。

前者は西沢さんがやって、後者は藤本さんが「T house」(2005年) でやっている。彼らがやっていることは、原始時代の住居に近い。原始住居と難民キャンプは酷似していて、それに続くことを原さんが手掛けられている。そして、西沢さんや藤本さんは、無意識のうちに難民キャンプ化してしまった (笑)。

難民キャンプは21世紀における一つの重要な都市タイプだと思っている。下手をすれば、今世紀の人類は、すべてが難民化しますからね。

□空間の言語化

藤森 というわけで、藤本さんが従来の建築が持っていた

原広司：
実験住宅ポルト・アレグレ・ヴァージョン

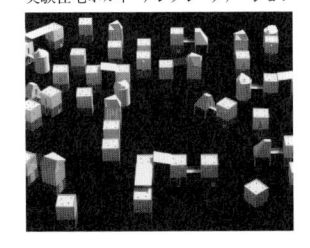

合理的な構成を一切拒否して，空間の質に関心を集中している様は面白いと思っています。
GA 藤本さんがやっていることは，端で見ているほど新しくないですよ。
藤森 そうかな（笑）。
GA だからといって，古いとも言いきれなくて……。妙な感性を持っていることは確かですね。最近，頻繁に話をしているのですが，この若者は，何でこんな古いものが好きなんだろうと思う。「武蔵野美術大学 美術館・図書館」（2010年）が実現していることは，ある種，奇跡的な感じがします（笑）。
藤森 ロマネスクの大傑作と言われている，「ル・トロネ修道院」（1117年）。あの建築について，彼が的確な言語で説明した。「物質から光が分離する瞬間を見たような気がする」と。そういう説明をした人間は，今までいなかった（笑）。冷静に考えてみれば，そんなことありっこないんだけれど……。最も自分の実感に近い，言い回しだった。それに，光がモノから出てきた瞬間って，とても原始的な感じがする。

建築家の言葉で，ぼく好みの印象深い発言がもう一つあるんです。伊東さんが，ミースのガラスは，薄い透明な石だと言った。何もないガラスの使い方は，グロピウスだと。

ぼくは，建築をきちんと言語化できる人でないと，付き合いづらいんです。だから，藤本さんと話していると，面白い。伊東さんと同様に，とても新鮮なことを言うし，現象についてよく観察している。単純に，東大卒の人間は，言語化する手法をちゃんと身につけているだけかもしれないけれど（笑）。
GA 藤本さんがつくりだす，ちょっとした差が醸し出す新しさに，周りの大人が騙されてしまっている。藤森さんの言葉を借りれば，欠落しているモノと突出しているモノの

藤本壮介：T house

藤本壮介：house N

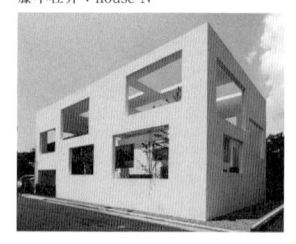

□巨匠論——欠落と突出の末に成し得るもの

按配が，ある種の新鮮さを発してしまっている。

藤森　なるほどね。そうかもしれない（笑）。

GA　言い方を換えれば，俗に言う「ジジィ・キラー」だと思います（笑）。

藤森　まさに，伊東さんやオレはやられてしまったわけだ（笑）。

GA　ぼくは，やられているなと思って聞いていましたけれど……（笑）。でも，彼のバランス感覚については，よく判らないですね。

藤森　本当に，不思議ですよね。本人も，その不思議さに気づいていないと思うな。「house N」(2008年)なんて，3重の入れ子になっている。なんで，あんな変な構成を採るのか？　「人と人」や「内と外」の距離に対して，突出した関心があるんだろうね。

　藤本をはじめとする若い人たちが，自らの「変さ」を，どこまで他人に伝わるところまで言語化できるのか。その行く末は，興味深い。

GA　その目線は，歴史家としてですか？

藤森　もちろん。誰が潰れようと，他の誰かがいてくれれば歴史家としては問題ないからね（笑）。

GA　建築家としては，ライバルという感じでもない？

藤森　それはないよ（笑）！　歳だってかなり離れているんだから。

GA　藤森さんを，建築家としてのさばらせていてはやばいと思っているのは，隈研吾さんくらいでしょうね（笑）。

□個々の実験を束ねて一つにする

藤森　例えば，マイケル・グレイヴスたちは，構造を捨てたから，ポストモダンのような表現ができたのだと思う。今の人たちはマイケル・グレイヴスのことを忘れてしまっ

藤本壮介：
武蔵野美術大学 美術館・図書館

ているけれど……。将来，歴史をやっている人が，現代建築の系譜をきちんとたどった時に，グレイヴスによって，どの部分が欠落したかを明らかにして欲しいね。

だって，グレイヴスって変でしょ？　あれだけ，1980年代に影響を与えながら，現在では誰も継承していない。

GA　ぼくは，彼の教え子なんですよ。

藤森　そうなんだ（笑）。でも，彼が消えたのは，バラバラ現象の宿命だと思うな。

GA　バラバラな状態が，ある種の個性，特異性みたいなモノを強調するんだけれど……。個々の脆弱性も孕んでいるので，消費構造の最も弱い部分になる可能性もある。それこそ，1980年代の問題だったわけです。

藤森さんは，当面，日本のバラバラ現象が続くとお考えですか？

藤森　そう考えると，現状がとても判り易くなるんですよ（笑）。

歴史的に，色々な原理はそれぞれバラバラに試みられている。理論的にはロースがやる。コンクリートはレーモンド……。理論から，仕上げから，構造から，バラバラに新しく出てきたものを，誰かが束ねる。

崩れる時も同じ。西沢さんや藤本さんたちは今，20世紀建築がつくり上げた原理をそれぞれが，部分的に崩しているんじゃないかと思う。欠落が時代の本質。構造や平面であったり，それぞれ考えていることはバラバラで，欠落に代わって欠を埋める新しい試みもバラバラに発生する。

崩す過程には，奇妙な形や変なものが必ず出てくるんですよ。例えば，床をうねらせてみたり。床なんて平らでなきゃ，山ほど問題が出てくる。だけどそこを変えたい。基本をいじりたい。決まり事を壊していくための実験なんだと思います。その姿には共感が持てる。結果，「基本的なものの欠落」や「部分的な突出」が起きている。たぶん，そ

□巨匠論——欠落と突出の末に成し得るもの

れら一つひとつが，今の重要な現象なんだよ（笑）。

　20世紀は，バウハウスまで到達して初めて，モダニズムがウィリアム・モリスの「赤い家」(1859年) からスタートしたのだと理解できた。それまでは，よく解らないものだった。

　その意味では，我々はいい時代に遭遇している。動いているけれどもまだよく解らない時代。たぶん，ぼくが生きている間は解らないでしょう。しかし，ある時点まで進んだ時に，それまでの空間の実験が何をもたらしたのか，明らかになるはずです。それまでの流れが紐解かれ，日本と世界の関係も解るようになると思う。そして，バラバラに突出したものを，一つのバランスの良い建築に昇華させた人が，巨匠になる。レーモンドの突出をパクったコルビュジエも，坂倉の突出に刺激されたミースもそうだった。

　いずれにせよ，我々歴史家や評論家，ジャーナリストが，同時代的に何を見ていたのかが，問われることになるんでしょうね。

□ 空飛ぶ泥舟のこと

藤森 茅野市美術館でぼくの展覧会をすることになって，その呼び物として，茶室を頼まれた。最初，乗り気でなかった。茶室を仮設でつくることは伝統的にあって，利休も戦場でつくった。しかし，仮設だと，ディテールをきちんとつくれない。台湾とロンドンの茶室が進行していて忙しかったこともあって，ぎりぎりまで濁してました。

本気になったのは，市民のワークショップの募集にかなりたくさんの人が集まったからです。過去に，子供向けの泥の茶室（「C庵」，2008年）のワークショップをしたので，市民がきちんと作業してくれることは知っていた。皆さん来てくれるのに，ちょこちょこと小さなものをつくるのではダメだと反省して，それからすぐに案を出した。柱を4本立てそれを支点として茶室を吊り上げる「空飛ぶ泥舟」(2010年)。

茅野に先立って始まった，ロンドンのヴィクトリア＆アルバート・ミュージアムの「ビートルズハウス」(2010年)は，当初，彫刻室に吊る茶室を提案した。しかし，建物自体が文化財になっているのでダメ。吊り上げた茶室から，ちょうどダビデのお尻が見えたはず（笑）。面白いけど，危ないから止めてほしいと言われて，今の案になった経緯がありました。それが頭にあったのと，大学の卒業設計で吊り橋のようなものをつくって以来，吊る建築への興味はあった。

ロンドンの茶室で決定的に学んだことがあります。利休の「待庵」よりも小さくしたいという野望を持っていた。そこで，「ビートルズハウス」は「待庵」よりも約30センチ四方小さくした。イギリス人は床に座らないから，テーブル式にした。

出来てみると，腰掛けると一人あたりの占有面積は狭くなる。しかし4〜5人が入っても，狭い感じがしない。考えてみたら判りますが，テーブルがあるから，下半身が見えない。日本の茶室には無い，寛いだ感じがした。日本の茶室は，全身むき出しだから，どうしてもちゃんとしなく

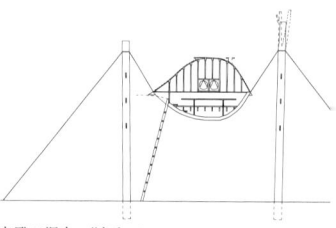

空飛ぶ泥舟：断面　S=1:300

□空飛ぶ泥舟のこと

てはならない。道具が前に置かれているから，蹴飛ばしてもいけないし。

人間は，基本的に水平面から空間の認識を始める。日本建築であれば，畳や板の間を認識して，空間を把握する。欧米人にとって，それはテーブルではないか。彼らは異常にでかいテーブルをつくるでしょ。卓球台みたいな（笑）。欧米人が食器にこだわるのは，テーブルの上に載るからではないか。日本人の床が，欧米ではテーブルにあたるという，ぼくにとって極めて重要な認識を得ました。

利休を超えるには……。いや，超えようとは思っていないけど（笑），座ってテーブル状にする茶室に可能性があると思った。それを「泥舟」でやった。

空間の最小単位である茶室に対するぼくの追究は，身体尺のぎりぎりでつくること。建築的に豊かであること。火があること。「泥舟」はその集大成みたいな感じがします。

GA 施工のプロセスとしては，山に入られて木を選ぶところから始められたのですか？

藤森 いつもは，村が持っている山の木を切ります。広大な面積があって，村の人は自由に伐っていいことになっている。一応，林野組合にお金を払うが，一本千円ぐらい。普通の人に，「山で木を探すことから始めます」と言っても，どこの山で探せばいいのか判らないよね。ぼくの場合は，カクダイ製材所の中村さんに「栗の木を見たい」と電話すると，「あの辺にいいのがあるよ」と連れて行ってくれる。その場で決めてその日に切ってしまう。田舎であれば，昔の建設の体制が機能する。もちろん，信頼関係が必要だけれども。それは，ぼくが建築をつくるにあたって，ものすごく大きなことです。東京でつくろうと思ったら，手間もコストも大変なことになったと思う。

今回は時間がなかったので，自分の家の林に入って木を決めて，中村さんに伐って届けてもらいました。

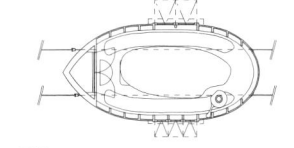

平面 S=1:150

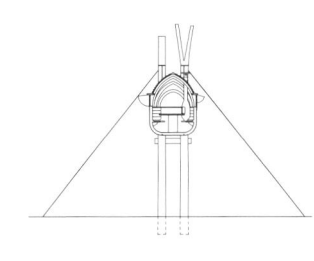

GA 皆さん，幼馴染みなんですよね？

藤森 そうです。骨組みは立石工務店のキミチャンにつくってもらいました。

　市民に任せられるかどうかの線引きはとても簡単で，指が飛ぶ道具は使わせてはいけない。ドリルや手ノコギリはいい。それ以外はプロにやってもらう。製材所と重機を動かす人と大工さんがいれば，小さいものなら素人でつくることができる。微妙な精度を出さなくてはならない時に，大工のキミチャンは，いてもらわないと困る。

　今回，プロにやってもらったのは，木を伐り出して，骨組みとなる山型のリブを切ることと，クレーン。それだけ。藤森クレーンのミッチャンは，いろんなことを知っていて，「泥舟」でも，「こういうものは何があるか分からないから，計算より太いワイヤーがいい」とかいろいろアドバイスしてくれた。ミッチャンのクレーンを動かす技術はすごくて，自分でクレーンも直す。

　彼は子供の頃からクレーン好きでした。ぼくの頭には小学校2年の時に木から落ちた傷がある。凹んでいて，つむじがない。ミッチャンが家の木製の滑車を持ち出して，ぼくを桜の木に吊り上げて，落ちた（笑）。ぼくは大怪我をして，医者に連れて行かれた。今年，ミッチャンに「あの時から滑車が好きだったよね」と話したら，「テルチャン，あの時のことはどう覚えている？」と訊かれた。「実はあの時びっくりして皆で逃げたんだ」（笑）。気絶してたので知らなかった。「悪かった」って。皆，小学校低学年でした。

GA 地元ならではですね。大人になっても，藤森さんに付き合わされる（笑）。

　骨組みの後，市民が参加したのですか？

藤森 そうです。市民の皆さんは，リブに板を貼り，銅板を叩いて，下側のお椀に泥を塗りました。あっという間でした。炉である竈も市民がつくった。すごく上手くいった。

空飛ぶ泥舟：配置

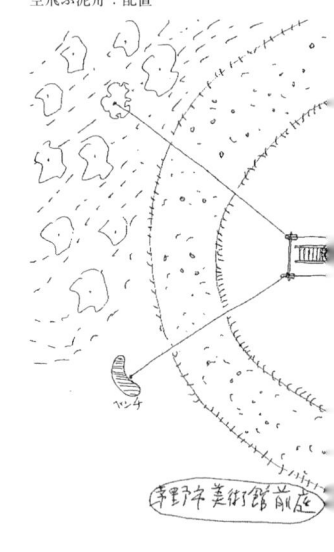

□空飛ぶ泥舟のこと

皆丁寧につくってくれた。泥が必要だと言ったら，市民の一人が近くの山から調達してくれたし（笑）。

GA 皆さん，素人ではないのですね（笑）。

藤森 素人なんだけど，農村の自給自足の伝統がまだ続いている。自分たちでやらなくてはならない。

ワークショップ当日，屋根側と下側が分かれたお椀状の骨組みを見たら，これは大きすぎて落ちるかもと思った。それで，最初3間だった長さを2間に縮めた。後は，どうするか説明するだけ。皆さんがどんどん進めてくれました（笑）。

縄文建築団が工事に参加する時，ぼくはあまり説明をしない。台湾で舟（「忘茶舟」，2010年）をつくった時，芯はスタイロフォームで1センチだけコンクリートを塗って仕上げた。だけど，皆が強度のことを心配している様子なので，これはモノコック構造といって，飛行機やF1の車はこの構造のおかげだと説明したら，皆が理解してくれた。説明はした方がいいんだと初めて知った。

茶室の端部に接合部を設けて吊り下げるのと，下部にロープを這わせて引き上げるのは構造的に違うと言った。2点で吊り下げた場合は，間に曲げ応力がかかる。下部に這わせた場合は，ロープの上にただ載っているだけです。完全に吊り橋と同じ原理。だから強度は問題ない。建物本体を吊るなら，吊り下げるよりも引き上げた方がいい。このことを説明した。卒業設計の時に気づいたことでした。

GA 雨水の対策はどうしているのですか？

藤森 防水シートを張ってますが，銅板葺きで十分です。誰も注目してくれないれど，自由な曲線で屋根をつくる時に最適な葺き方です。銅板を貼る前に折り曲げるだけ。

GA その後は支柱の木を立てる。

藤森 掘立柱を土の上に立てただけでは，グラグラするのではと心配したけど，ミッチャンが水締めというやり方が

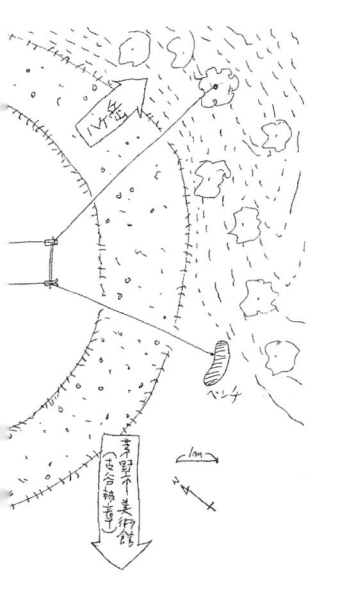

あると教えてくれた。柱の周りに掘り起こした土を戻して，水を入れてジャブジャブするだけ。そうすると乾いてから締まる。地面には70センチ入っているが，水が乾くとびっちりと固まっている。

GA 70センチというのは，どうやって決めたのですか？

藤森 何となく（笑）。ぼくは，計算すれば30センチで十分だと思った。ちゃんと固めることができれば。でも，土だから70センチくらいあった方がいいかなと。ミッチャンもそれでいいと。

引き上げるのも40人くらい必要かなと考えていたのが，結局30人強で大丈夫でした。それこそ，滑車を使って柱を支点にして引き上げる。引き上げる時は，「責任者なんだから中に乗れ」と言われて，上がっていく時も茶室の中にいました。「もし落ちたらおまえの責任だから」。「もっと上げろ！」と中から叫んであの高さまで上がりました。昔みたいに落ちて，変なニュースにならなくて済んだ（笑）。

GA 大袈裟に言えば，あの建物は建築界における革命ですよね（笑）。見たことがない。

藤森 革命という程ではないですけど，出来てびっくりしたのは，下に影ができたこと。影によって，浮いていることが強調された。

唯一の問題は可愛く見えてしまうこと。あんなに可愛くなる予定ではなかった。最初は全長3間でクジラになる予定だったのに，2間にしたらフグになってしまった（笑）。中に入ると可愛さだけではないちゃんとした建築を感じてもらえると思うのですが。

外はだいたい想像できたが，中が意外に良かった。茶室からぽっぽと煙が出るといいなと思って，炭火じゃなくて火を燃やせる炉を初めてつくったが，実際，出るんだけど，目立たなくて残念。

GA 「高過庵」（2004年）の揺れ方と「泥舟」は，ずいぶん

違うものですね。

藤森 そう，全く違う。「高過庵」の揺れはどうしても不安感がある。「泥舟」のハンモック的な揺れは意外といける。

最近，つくるものがやたらと小さくなって……。普通，建築家は，名が知られてくるとどんどん大きくなるんだけど，ぼくは反対（笑）。空を飛んだり，湖に浮いたりしてます。「泥舟」もあれだけ簡単に上がるのであれば，3間にしておけばよかった。原理的に浮くことが判ったので，もう一軒でかいのを浮かしたい（笑）。

「泥舟」は，意外とがっちりしていて，これだと本当に空に飛んでいっても大丈夫って感じがする。これで家一軒建てることも可能ですね（笑）。自分でも，お風呂やコンビニが周りにあれば，中で暮らせるなと思いました。

20世紀の延長の文明が滅びると，世界中が難民になる。にもかかわらず，巨大なビルは残骸になって残っている。その隙間で，みんなが「泥舟」みたいなものを，イタリアの洗濯物みたいに吊って暮らす姿を妄想しています（笑）。

空飛ぶ泥舟　2010

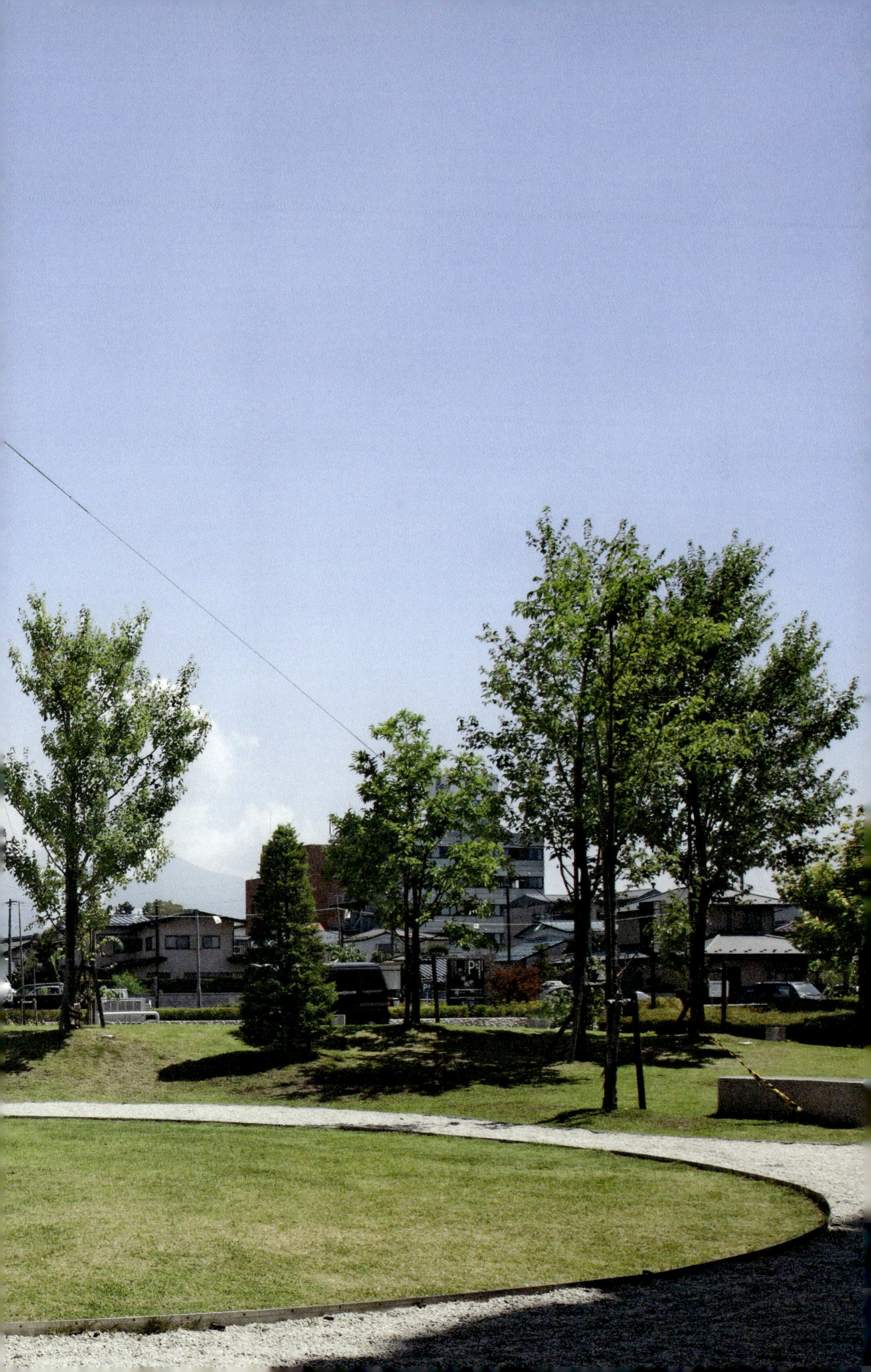

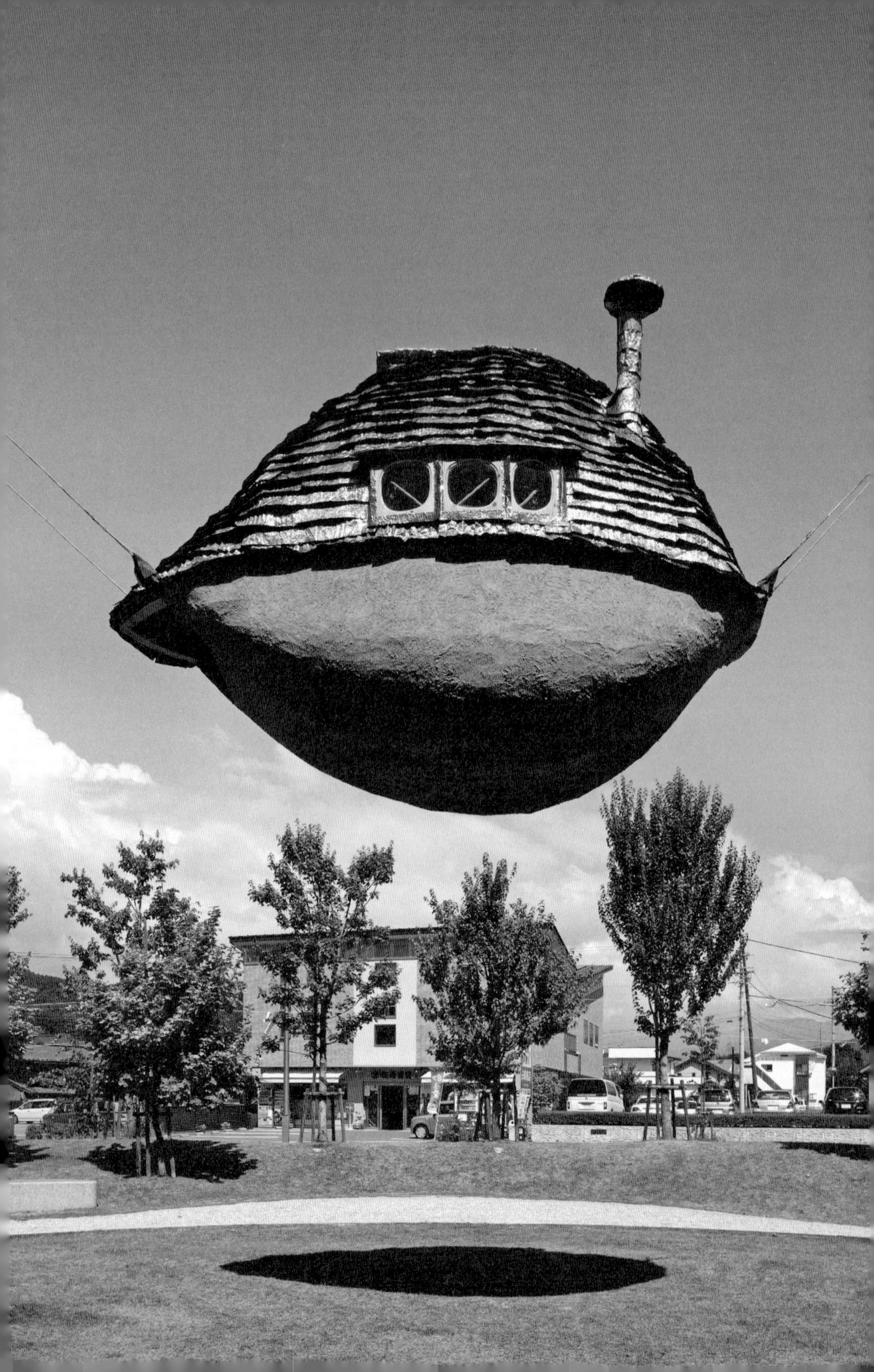

◁影が真下に落ちる　　　　　　　　　　　　　　　　　　　　　　　　　　　　　　　　　　　　　内部

空飛ぶ泥舟が出来るまで
2010年6月21日〜7月23日

←①
藤森家の山から伐採された4本の檜（直径300ミリ，長さ7メートル）がカクダイ製材所に運び込まれる (6/21)

⑥↑
貫の位置を決める。900ミリピッチで三箇所、穴を開ける、との指示。幼馴染み、立石工務店のキミチャンと (6/21)

⑦→
茅野市民館に運び込まれる檜 (6/25)

←②
木の両側を削って太鼓落としにする厚みを決める。これで垂直を出し、後の作業がし易くなる。太鼓落としとは、自然と人工の接点が感じられる点が藤森好み (6/21)

⑧→
貫が入りはしご状になった支柱を、茅野市民館の前庭に設置する (6/25)

←③
「太鼓落とし」中。木に曲がりがあるので、何度も位置を計測しながら削ってゆく (6/21)

⑨→
幼馴染みの藤森クレーンのミッチャン（青つなぎ）主導で、柱を固定する作業。掘り出した土を穴に戻し、水を入れながら木を深く（70センチ）差し込んでいく「水締め」法 (6/25)

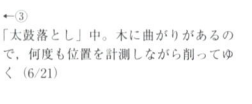

←④
太鼓落とし後の檜材 (6/21)

⑩→
垂直が出ているか確認。カクダイ製材所の中村さんと (6/25)

←⑤
藤森家の作業場に移動し、太鼓落としにした材に貫の位置を指定する (6/21)

⑪→
御柱のごとく立ち上がった四本の支柱 (6/25)

278

←⑫
市民ボランティアが参加し、屋根の銅板の加工をする。作業台に置かれた杉Ｊパネル（厚さ36ミリ）の骨組み。右が上部。左が下部。お椀状に合わせる（6/27）

⑱→
引き上げを前にして、ディテールのチェック（7/23）

←⑬
この時点で長さ３間。この後、重量を心配して２間に縮めることになった（6/27）

⑲→
自ら中に乗り込んで高さのチェック（7/23）

←⑭
市民を前に説明。本体に接合部を付けて吊り下げるのではなく、底にロープを逼わせて、４本の木を支柱に地面から引き上げる。これが構造的に有利だと話す（6/27）

⑳→
市民ボランティアに混じり、路上観察学会の面々がロープを引っ張り、泥舟を引き上げる（7/23）

←⑮
市民ボランティアが銅板の加工をする。藤森さんが手本を見せる（6/27）

㉑→
設置された「空飛ぶ泥舟」を最初にチェック。幼馴染みのミッチャンと（7/23）

←⑯
柱の間に鎮座する泥舟。これから引き上げる（7/23）

㉒→
完成品を観察する路上観察学会の皆さん（7/23）

←⑰
泥舟を前にテレビ取材を受ける藤森さん（7/23）

㉓→
設置完了（7/23）

憧れと研究，原点と設計
「神長官守矢史料館」―「空飛ぶ泥舟」

伊東豊雄・藤森照信

藤森　私が初めてつくったのが「神長官守矢史料館」(1991年)で，出来た時には伊東さんにも見に来ていただきました。どう思われました？

伊東　本当にびっくりしました（笑）。藤森さんがまさか建築家になるとは思ってなかったし。今でも覚えているのですが，設計している頃，大学の研究室に遊びに行ったら，冷蔵庫から土の塊をたくさん出してきて嬉しそうな顔をしながら，「今，実験してるんだよ」と言うのです。

藤森　諏訪は寒いから，どれくらい土とセメントを混ぜたら，土壁が凍って崩れないか試していたんです。

伊東　出来上がって見に来た時は，敷地に対して実に自然に建っていると感じました。こんなに風景に馴染む建築ってあるんだなと。いわゆる建築家的な建築家は，絶対こんな風につくれない。もちろん木造で瓦屋根葺きの建物をつくる人は結構いますが，そういうものとも全然違う。
　土壁や割板など自然の素材を使って，土の中からそのまま，すぅっと建ち上がったみたいな感じ。こういうことが現代建築でも出来るんだなと。実は「現代建築」とは思わなかったんだけど（笑）。現実の建築に見えなかった。それがものすごく不思議でした。

藤森　伊東さんは鋭い人だと思ったエピソードがあります。「神長官」の数年後，「浜松市秋野不矩美術館」(1997年)が出来て，建築学会賞に応募したんです。その年は伊東さんが審査員で，そのせいで落ちた（笑）。伊東さん，どんな手紙を審査委員会に送ったか覚えてないでしょう？

伊東　覚えてないです。

藤森 「私は他の作品には一切興味がない。実際には見に行けなかったけれど，藤森の秋野不矩美術館が一番良い」。審査委員会の皆さんは怒ったそうです。「見にも行かないのに何を言うか」と。それで，他のメンバーが私に票を入れなかったらしい（笑）。

　この美術館について伊東さんが，「藤森の建物は土着的だと思われているけれども，土着的なだけではなくて，知らない世界からふっと着地したようなものだ」と何かに書いてくれたんです。

　そこで話は「神長官」に戻るのですが，当時恐怖心を感じたことがありました。今，建物の足下に笹が茂っていますが，壁の足下に直接土が当たると伝え上がって水分が凍結するので，当初縁を切ってありました。建物が完成した後じっと見ていたら，建物が地べたと関係ないものとして見えた。1：1の模型みたいに。それはすごく恐怖だった。それで慌てて土を建物の縁まで寄せたんです。それでぴたっと落ち着いた。

　その時思いました。「地に着いた」という言葉があるけれど，元々地に着いてないものを地に着けるためには，建物と地べたの関係を相当意識的につくらないとダメだと。さらに付け加えると「神長官」の形は，本来の地元の形ではない。信州の民家的な形でもない。だから一層，一つ間違うと，どこかから飛んできて着地したように見えてしまう。それを伊東さんに指摘されて，「鋭い人だな，コワイ人だなあ」と思ったんです（笑）。本人が一番気づかれたくないことを言われた。

伊東 それを詳しく説明すると，藤森さんの建築の一番不思議なのは，「リアルであってリアルでない」こと。土壁や檜皮や焼杉といった自然の材料を使っていて，普通に考えたら，すごくリアルな建築になるはずなんです。ところが

藤森さんの建築は，素材にものすごく気を使うし，楽しみながらつくっているにもかかわらず，出来上がるとリアルな世界から離れていって，万人が「こういう建築っていいなあ」と夢の中で見るようなものに変わっている。こういうことが出来る建築家は他にいません。その意味で藤森さんは本当にすごいなとずっと前から思っていたんです。彼の全部の建築がそうなっている。

藤森　自分でも判らないところですが……。「神長官」のスケッチを最近見直していたら，「反磯崎，反原，反伊東，反安藤，反石山，反象（設計集団）」と書いてあった（笑）(p.65)。当時，知り合いだった人たち全部と，とにかく違うものをつくろうとしていたんですね。相当派手なことを考えてた（笑）。

伊東　反妹島だろうが，そこに誰の名前を入れてもいい。それぐらい，藤森さんは，建築家が考えている「作品」という概念から外れた場所で建築をつくることの出来る人なんです。
　建築家は，誰のためにつくっているかというと結局は自分のためです。彼らが万人の夢を描けるかというと，近代を経た人たちは「個」がすごく強くあるから——ぼくも同じですが——どうしても閉じていってしまう。磯崎新さんや一つ上の世代の建築はもっと「個」が強いですし。

藤森　ぼくらの世代は皆，磯崎さんが兄貴みたいな感じで育ってきました。磯崎さんはすごく敏感な人だし，理解力のとんでもなく高い人ですが，磯崎さんからは「お前のは建築ではないけれども認める」っていつも言われています（笑）。

伊東　「建築ではない」という意味は，近代建築ではないし，現代建築でもない。何かもっと全然違う建築だという指摘なんですよ。最近になってようやく，藤森さんは我々とは思考回路が全く違うんだと判ってきました（笑）。
　つまり，現代建築家が今一番真剣に考えないといけないことを藤森さんは，直感的にやっちゃっているんです。

藤森　それ以外は出来ないというか（笑）。

伊東　出来ないでしょう（笑）。それは当然で，思考の仕方，設計の方法がまるで違うんです。
　建築は毎日使うものですから，ものすごく具体的な存在です。床が固いとか音がどうだとか，身体に直接影響する「具体」であるのに，ぼくら建築家が図面を描く時には，「具体」から一気に離れて，「抽象」になってしまう。図面は抽象的だからこそ，人との契約に使うわけです。要するに法律の言葉みたいなもの。法律が文学的な言葉だったら成り立たないのと同じです。
　社会で一般性を持つためには抽象化しないといけないから，つまらないことばかりを図面として描く。ところがそれが施工されて建ち上がってきた時には，もう一度具体的なものとして人々の前に現れる。非常に面倒くさい過程を経て建築は出来ているわけです。しかし藤森さんの場合は，そういう面倒くさい過程を経ない。そもそも面倒くさいことが出来ない人です（笑）。こんな幸せはない。ぼくらはいつも恨まれたり苦労しながら面倒くさいプロセスを経て，つくり上げなければならない。その過程でスポイルされることが膨大にあるわけです。
　つまり，我々は，具体から抽象を経てまた具体に戻るのですが，藤森さんは，そのプロセスの抽象の部分を経ないで，具体から具体へと直接つながっている。ところが不思

議なのは，藤森さんの場合，具体的に現れてきた建築が，夢のまた夢の世界みたいな，抽象的なイメージの世界にふっと浮かんでいるのです。いくら藤森さんが工事作業を一緒にやったり生の素材を使っても，最後はその具体的なレベルに留まらないで，浮かんでいる。普通の人がやったら，焼杉が目に付いちゃって，ふっと浮かばないはずなんです。そこが藤森さんの資質なんでしょう。それをぼくは「土から生えているようでいて，上から降ってきた」と言ったのだと思います。

藤森 「神長官」を考えていた時に，一番，近そうで一番避けないといけないと思ったのは，象設計集団でした。彼らは皆親しいし，彼らの先生の吉阪隆正さんの言葉に触発されて，最初のスケッチを描いたぐらいですが，象設計集団の建築を見ると何か変だと思う。彼らは近代的な自己表現を否定するのですが，否定しながら，結構ポロポロ出てきているんですよ。それが嫌だなと。似ないようにしようと思ったもう一人は白井晟一でした。白井さんの建築は精神的で哲学的だと言われますが，実際に見ると，他人に向けて演じた精神性なんですね。うんと生臭い人が禅宗に惹かれていて，それを演じているようなところがある。近代的な自我意識とつながっていることは判るのですが。

伊東 近代的精神性は，どんな人の建築にでも出てきてしまうからね。

藤森 そういう形で近代的自我みたいなものが出てこないようにしたいとは思っていました。
　最近のことで自分でも驚いているのは，まったくその気はなかったのに，女子供が喜ぶようなものが出来たりするんですよ。言い方は悪いですが（笑）。

伊東　相当悪いよ（笑）。

藤森　茅野の展覧会に合わせてつくった「空飛ぶ泥舟」(2010年)が良い例ですが，あんなにカワイイものが出来るとは思ってなかった（笑）。最初の案は，今より，もうちょっと大きかったんです。出来たものは，横幅が一間，長さが二間ありますが，当初長さが三間程でした。クジラみたいなイメージだったんです。一番心配したのは重さで落ちることで，吊り上げる日はテレビも取材に来るからマズいと（笑）。それで，リブを現場で並べた後，急遽三分の二に短くしたんです。それで，河豚のような形になってしまいました（笑）。

　もう一つ，下に影が落ちるとはまったく予想してなかった。建築の影が真下に出るなんて，あり得ないよね？

伊東　あり得ないねえ（笑）。

藤森　吊り上げた時は夕方だったから，建物の影になって見えなかった。翌日，オープンの日に路上観察の人たちが来てふと見た時に，丸い影が芝生に落ちていてびっくりしたんです（笑）。絵を描く時に，浮いていることを示すために下に影を描くんですが，それが出ている。結果的に，下手なCGみたいだった。ありっこないんだから（笑）。カワイイ感じは求めているわけじゃないんだけど，時々出てしまう（笑）。

伊東　今日もこれを最初に見た時に，「どう思います？」と訊かれて「カワイイねっ」と言ってしまいました（笑）。ぼく自身，自分の建築を若い人たちに「カワイイ」って言われると腹が立つんですけどね。

藤森 言われるの？

伊東 この前講演会の質疑で，言われて怒ったんです（笑）。「カワイイなんて軽々しく言うな」って。でも「泥舟」を見た時「カワイイ」としか言いようがなかった。
　以前，藤森さんの大学の卒業設計をヴェネツィア・ビエンナーレで見た時には，本当に驚きました。ルドゥーのドローイングが脇にあって，一方でアーキグラムを思い起こさせるものが描かれていた。そうしたら，そのカワイイ版みたいなのが今日現れていて（笑）。
　学生の頃から，浮かすということを一貫して考えていた

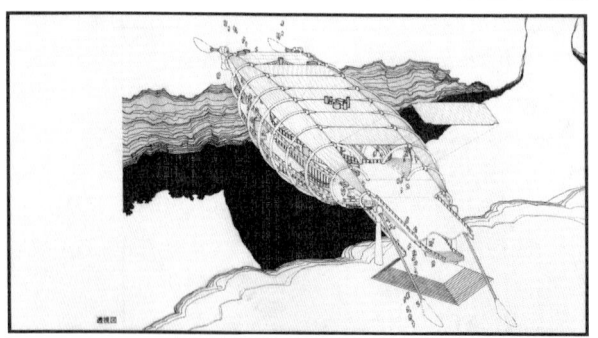

卒業設計：橋―幻視によってイマージュのレアリテを得るルドゥー氏の方法，1971年

んですか？

藤森　意識にあったと思います。

　卒業設計の計画は，既存の仙台市を全部廃墟にしたものでした。川の緑が街に浸食して都市を覆いはじめている。現代都市を自然によって食い潰そうと考えた。その上に，人工物として橋みたいなものをつくりました。橋は造形的な関心，廃墟は都市への関心。それはずっと続いていると思います。今度の案は，アーキグラム的なところが抜け落ちて，泥になってしまった（笑）。

伊東　持ち上げるのはどういう意図ですか？

　普通に考えれば，藤森さんは長靴履いているのが似合うような人だから，地面掘ってでも土にくっついてないとダメだと思っていたんだけど，いつも高いところにつくる。「高過庵」（2004年）もそうでした。ぼくの方が，高い場所にあっても良さそうなんだけれど，逆に洞窟みたいな，地上なんだけど地下みたいな空間をいつも考えてしまうんだよね。

藤森　「中野本町の家」（1976年）みたいにね。地上でありながら窓が一個も無いんだもの（笑）。

伊東　「せんだいメディアテーク」（2001年）は，木の上みたいなところがありますが，ぼく自身としては穴の中のような建築が一番ぴったりなんです。

藤森　学者としてのぼくの専門は，明治以降の西洋館の研究ですが，関心は子供の時からあって，横井病院という医院の自宅が西洋館だったんです。毎日前を通って学校に行っていた。縦長の窓が付いていてカーテンが掛かっていて，

憧れていたんです。ぼくにとっては，横井病院の先には東京があった。そして東京の先にはヨーロッパがあった。

　今にして思うのですが，私はそういう憧れから西洋館研究を始めたんじゃないかと。研究は理知的なもので，知力でやるしかない。それは憧れでやる仕事になり得る。西洋館の研究を通して，明治から昭和まで20世紀建築を扱ってきました。だから伊東さんたちがつくっている現代建築はどうやって成立したかも相当考えてきたんです。それは，自分の憧れていた世界がどうやって出来たかの研究みたいなものだった。

　信州，諏訪は閉じた場所で，伊東さんもそういう感じがするって言っていましたよね？

伊東　初めて東京に行った時にそう思いました。何か本当に閉じたところから，ようやく俺は出てきたと。

藤森　御柱や諏訪大社も関係あると思いますが，広い世界と関係なく頑張っているようなところが諏訪にはある。ぼくは，その世界でずっと土着的に育ってきて，後にもっと広い世界に出て行った。特に若いうちは，田舎は嫌だし都会に憧れますから，ぼくも20世紀の建築を研究した。

　そして突然43歳になって設計が始まるのです。「神長官守矢史料館」。その時に，憧れでする仕事と，本当に自分に根ざしたものでする仕事とは別だと思いました。ご存知のように，神長官守矢家は歴史が古く，日本で最も古い狩猟時代の信仰を伝える家です。最初，守矢家に頼まれた時，最初は誰かを紹介しようと思いました。伊東さんや石山修武さんとか。でも皆無理だと思った。デザインが狩猟時代とつながらない。

　そこで自分がやることになった時に，まず，友達に似てはならないと考えました。皆集まれば悪口言ってましたか

ら何を言われるか判ったものではない（笑）。歴史をやっていたから，歴史的なものに行ってもいけない。必ず言われるんです。「あいつは歴史家だからああなった」と。諏訪には本棟造りという優れた民家の形式があって，最初はそれを使ってスケッチしたりしていたのですが。

　何に似てもならないと思って，本当に行き詰まったんです。一つ幸いだったのは，守矢家の信仰が稲作以前だということ。守矢家は，どうやって諏訪の地が農耕を覚えたか，その戦いの様子を伝えてきました。天竜川に陣取って，出雲から来た神様とどうやって戦って負けたか。戦いに負けて，神様を辞めて稲作を教えられた……。そういう話は子供の頃から聞いていました。つまり，農耕以前だから，建築のスタイルはあまり関係ないんです。結局，素材だけがあるという状況だった。石があり，木があり，土がある。でも固有の形がない。

　今思うと，研究においては，ヨーロッパ歴史主義から始まり20世紀建築まで行って，制作においてはまた石器時代に戻るようなものでしょうか（笑）。世界を目指し上に飛んで行ったロケットが突然反転して下りてきて，田舎の土の中に潜っていったら，進むうちに反対側から世界に突き抜けた。そういう変な上下運動をしたという感覚が，この歳になってありますね。

伊東　面白いですね。そういう話は藤森さんから初めて聞きました。

藤森　今和次郎さんは青森の出身ですが，生涯東北弁が抜けなかった人です。彼は最初は民家の研究をするのですが，その後，突然，東京銀座の研究を始める。そして最後また民家の研究をする。田舎を出て行ってまた戻っている。戻ってきた時に，理念としても感覚としても，田舎に居た時

と違う要素が入ってきているはずです．私もそうした影響があって，地に着いたり着かなかったり不思議なものが出て来ているのかもしれません．

伊東　ぼくにとっても東京は憧れの場所で，都会はすごいなあとずっと思っていた．諏訪と東京というレベルではなくて，20世紀の人が透明なものを見たらすごく憧れる，といったことです．小さい頃，セルロイドを見るだけで凄いとか，セロテープ見るだけでこんなものが出来たんだと感激しましたから．

　人間は本当は地べたにくっついている存在なのに，高い所で過ごしてみたい，住んでみたいという憧れを皆持っているし，ぼくも80年代の頃，「建築をいかに軽くするか」とか「浮遊する建築をつくりたい」と言っていた．でも結局，そういうことをやればやるほど，土や水が意識されてくる．そういう意味でコルビュジエが凄いと思うのは，晩年に，解放されたような建築をつくったこと．本当に豊かだなと感じます．

藤森　コルビュジエは，自分の中にある地中海的なもの——青空があって岩がごつごつしていて海があって，陽が燦々と降り注ぐ——それを最後に造形化している．

伊東　ただ，初期には，白くてピロティで宙に浮いているようなホワイトキューブをつくっていた．それが，だんだん地上に下りてくる．その感じがいいですよね．

藤森　下りて来るんだけど，つくったものが，地中海の民家かというと，全然違う．一旦ホワイトキューブを経た後で，ああいう世界に戻ってくる．戻ってきた時に，実際に木や草が地べたに生えているのとはまったく違う状態とし

て，台地や地べたを再現する。

　伊東さんも最近，植物を取り込んだり，諏訪湖の影響を感じると，先ほど伊東家からの昔の諏訪湖の写真を見ながら語られましたが，そういう時期に来ているのかな？

伊東　建築家として，というよりは自分の生き方としての問題に関わってくるとは思います。自分の存在そのものが現れてくるような建築になればいいなと思いつつ，でもあっという間に一日が過ぎている（笑）。

藤森　ぼくはこういう路線しか無いのでこれで行きます（笑）。
　私が変な感じがするのは，一般の人や海外の人が私のつくるものに興味を持ってくれる。何に興味があるのか，よく判らない。伊東さんの紹介で，ピーター・クックが家に来た時は本当にびっくりしました（笑）。彼らはどう思っているんでしょうか？

伊東　おそらく藤森さんのリアルな部分に惹かれて来るわけじゃないと思います。もっと奥にある，藤森さんの建築の原型を見に来るんじゃないのかな。藤森さん，最近の文章で，「人の建築を書く時にも内面性を見ることを建築史家として心がけてきた」と書いていましたが，他の人もそうなんでしょう。
　そして「具体」の先にある，近代建築における抽象的な世界とは別の「抽象」を垣間見てしまうんだと思いますよ。それは国籍や女子供も関係ないのでしょう（笑）。

2010年8月22日　伊東豊雄×藤森照信トークセッション
「諏訪の記憶，21世紀の建築」より一部収録
（「藤森照信展 諏訪の記憶とフジモリ建築」関連企画
主催：茅野市美術館），茅野市民館マルチホールにて

作品リスト

WORKS & PROJECTS：
協働設計者／場所／用途／竣工年

□ 神長官守矢史料館
内田祥士／長野県茅野市／史料館／1991
□ タンポポハウス
内田祥士／東京都国分寺市／専用住宅／1995
□ ニラハウス，薪軒
大嶋信道／東京都町田市／住宅＋アトリエ，茶室／1997
□ 浜松市秋野不矩美術館
内田祥士／静岡県浜松市／美術館／1997
□ 一本松ハウス
大嶋信道／福岡県福岡市／専用住宅／1998
□ ザ・フォーラム，炭軒
桑原裕彰／新潟県妙高市／ミーティングルーム，茶室／1999
□ 熊本県立農業大学校学生寮
入江雅昭・柴田真秀・西山英夫／熊本県合志市／学生寮（寄宿舎）／2000
□ 赤瀬川家の墓
大嶋信道／神奈川県鎌倉市／墓／2000
□ ツバキ城
大嶋信道／東京都大島町／事務所・ショールーム／2000
□ 不東庵工房
大嶋信道／神奈川県足柄下郡／作陶工房／2001
□ 東京計画 2101
大嶋信道（模型制作）／かごしま県民交流センター／展示作品／2002
□ 竹の家
台湾，中原大学／ワークショップ／2003
□ 一夜亭
大嶋信道／神奈川県足柄下郡／茶室／2003
□ 庭瀬家の墓
大嶋信道／神奈川県鎌倉市／墓／2003
□ 矩庵
京都府京都市／茶室／2003
□ 高過庵
長野県茅野市／茶室／2004
□ 養老昆虫館
大嶋信道／神奈川県足柄下郡／昆虫館・別荘／2005
□ ラムネ温泉館
入江雅昭／大分県竹田市／公衆浴場（温泉）・美術館／2005
□ 茶室 徹
大嶋信道／山梨県北杜市／茶室／2005

□ 次世代霊柩車
次世代霊柩車デザインエキシビジョンと霊柩車展示会／展示作品／2005
□ ねむの木こども美術館
内田祥士／静岡県掛川市／美術館／2006
□ 玄庵
長野県茅野市／玄関・応接室・茶室／2006
□ 東京計画 2107，土塔
大嶋信道（模型制作）／東京オペラシティアートギャラリー／展示作品／2007
□ 焼坂と縄の家
メキシコ，モントレー工科大学／ワークショップ／2007
□ 焼杉ハウス，松軒
川上恵一／長野県長野市／専用住宅，茶室／2007
□ コールハウス
速水清孝／栃木県宇都宮市／住宅／2008
□ ビーナス誕生
メゾン・エルメス／展示作品／2007
□ C庵
茅野市美術館，世田谷美術館所蔵作品による向井潤吉展／ワークショップ／2008
□ ROOF HOUSE
中谷弘志／滋賀県近江八幡市／専用住宅／2009
□ チョコレートハウス
大嶋信道／東京都国分寺市／専用住宅／2009
□ Black Teahouse
坂口潤／オーストラリア，王立メルボルン工科大学美術館／茶室（展示作品）／2009
□ ベジタブルシティ
『季刊大林』，茅野市美術館／2009, 2010
□ 亜美庵杜
メゾン・エルメス，細川護熙展「市井の山居」／茶室（展示作品）／2010
□ 入川亭
台湾新竹縣／茶室／2010
□ 忘茶舟
台湾新竹縣／茶室／2010
□ ビートルズハウス
速水清孝／イギリス，ヴィクトリア＆アルバート美術館／茶室（展示作品）／2010
□ 空飛ぶ泥舟
茅野市美術館／茶室（展示作品）／2010

EXHIBITIONS：

□ 藤森照信の野蛮ギャルド建築展
ギャラリー・間／1998
□ 藤森照信建築作品展
文化総合文化空間, 台湾／2003
□ 藤森建築と路上観察：誰も知らない日本の建築と都市, 第10回ヴェネツィア・ビエンナーレ建築展 日本館
イタリア／2006
□ 藤森建築と路上観察：第10回ヴェネツィア・ビエンナーレ建築展 帰国展
東京オペラシティアートギャラリー／2007
□ メゾン四畳半 藤森照信展
メゾン・エルメス／2007
□ 藤森照信展　諏訪の記憶とフジモリ建築
茅野市美術館／2010
□ 藤森照信展
GA gallery／2010

AWARDS：

□ 1980年度日本都市計画学会論文奨励賞：
博士論文「明治期における都市計画の歴史的研究」／1981
□ 第37回毎日出版文化賞：
著書『明治の東京計画』／1983
□ 第9回東京市政調査会藤田賞：
著書『明治の東京計画』／1983
□ サントリー学芸賞：
著書『建築探偵の冒険・東京篇』／1986
□ 第7回日本文化デザイン賞：東京探偵団・路上観察学会の結成およびその研究調査活動／1986
□ 第29回日本芸術大賞：
ニラハウス／1997
□ 日本建築学会賞論文賞：
日本近代の都市・建築史の研究／1998
□ 日本建築学会賞作品賞：
熊本県立農業大学校学生寮／2001
□ 第1回毎日書評賞：
著書『建築探偵, 本を伐る』／2002

BOOKS：

□ 近代の美術20 明治の洋風建築
村松貞次郎編（文を担当）／至文堂／1974
□ お雇外国人15 建築・土木
村松貞次郎編（コンドルの章を担当）／鹿島出版会／1976
□ 日本の建築 [明治 大正 昭和] 3 国家のデザイン
写真 増田彰久／三省堂／1979
□ 近代建築総覧 各地に残る明治大正昭和の建物
日本建築学会編／技法堂／1980
□ 明治の東京計画
岩波書店／1982（再刊：岩波同時代ライブラリー（1990）, 岩波現代文庫（2004））
□ 近代日本の異色建築家
近江栄 共編／朝日新聞社／1984
□ アール・デコの館　旧朝香宮邸
写真 増田彰久／三省堂／1984（文庫化：1993）
□ 建築探偵の冒険 東京篇
筑摩書房／1986（文庫化：1989）
□ 路上観察学入門
赤瀬川原平, 南伸坊 共著／筑摩書房／1986（文庫化：1993）
□ アールヌーヴォーの館　旧松本健次郎邸
小泉和子 共著, 写真 増田彰久／三省堂／1986
□ 東京のまちづくり　近代都市はどうつくられたか
小沢尚 共著／彰国社／1986
□ 東京路上博物誌
荒俣宏, 春井裕 共著／鹿島出版会／1987
□ 看板建築
写真 増田彰久／三省堂／1988
□ 建築探偵東奔西走
写真 増田彰久／朝日新聞社／1988（文庫化：1997）
□ 京都おもしろウォッチング（とんぼの本シリーズ）
赤瀬川原平, 他 共著／新潮社／1988
□ 建築探偵雨天決行
写真 増田彰久／朝日新聞社／1989（文庫化：1997）
□ 日本近代建築大系19 都市 建築
岩波書店／1990
□ 昭和住宅物語 初期モダニズムからポストモダンまで23の住まいと建築家
新建築社／1990
□ 建築探偵神出鬼没

写真 増田彰久／朝日新聞社／1990（文庫化：1997）
□ 建築探偵日記 東京物語
王国社／1993
□ 日本の近代建築 上下巻
岩波書店／1993
□ 全調査東アジア近代の都市と建築
汪坦と共に監修／岩波新書／1993
□ 信州の西洋館
写真 増田彰久／信濃毎日新聞社／1995
□ 伊東忠太動物園
伊東忠太（絵，文），写真 増田彰久／筑摩書房／1995
□ 東京たてもの伝説
森まゆみ 共著／岩波書店／1996
□ 建築探偵の謎
写真 増田彰久／王国社／1997
□ 建築探偵奇想天外
朝日新聞社／1997
□ 建築探偵・近代日本の洋館をさぐる
日本放送出版協会，NHK人間大学／1998
□ 藤森照信野蛮ギャルド建築
TOTO出版／1998
□ 家をつくることは快楽である
王国社／1998
□ 完本・建築探偵日記
王国社／1999
□ タンポポ・ハウスのできるまで
朝日新聞社／1999（文庫化：2001）
□ タンポポの綿毛
朝日新聞社／2000
□ 天下無双の建築学入門
筑摩書房／2001
□ 建築探偵，本を伐る
晶文社／2001
□ 丹下健三
丹下健三 共著／新建築社／2002
□ 藤森照信の原・現代住宅再見
写真 下村純一／TOTO出版／2002
□ 歴史遺産「日本の洋館」全6巻
写真 増田彰久／講談社／2002-03
□ 藤森照信建築作品集
写真 増田彰久／中華文化復興運動総会（台湾）／2003
□ 藤森照信の原・現代住宅再見 2
写真 下村純一／TOTO出版／2003

□ 彩色瑠璃コレクション「日本のステンドグラス」
写真 増田彰久／朝日新聞社／2003
□ 藤森照信の特選美術館三昧
写真 藤塚光政／TOTO出版／2004
□『ユリイカ』11月号「特集＊藤森照信 建築快楽主義」
青土社／2004
□ 人類と建築の歴史
筑摩書房／2005
□ 藤森流 自然素材の使い方
内田祥士，大嶋信道，入江雅昭，柴田真秀，西山英夫，桑原裕彰 共著／彰国社／2005
□ 藤森照信の原・現代住宅再見 3
写真 下村純一／TOTO出版／2006
□ 10+1 特集藤森照信
INAX出版／2006
□ Venice Biennale: The 10th International Architecture Exhibition 2006: Japanese Pavilion
国際交流基金／2006
□ 藤森照信建築
写真 増田彰久／TOTO出版／2007
□奇想遺産 世界のふしぎ建築物語
鈴木博之，隈研吾，松葉一清，山盛英司 共著／新潮社／2007
□ 建築史的モンダイ
筑摩書房／2008
□ 藤森照信 グラウンド・ツアー
編集出版組織体アセテート／2008
□奇想遺産 世界のとんでも建築物語
鈴木博之，隈研吾，松葉一清，木村伊量，竹内敬二，山盛英司 共著／新潮社／2008
□ 藤森照信 素材の旅
新建築社／2009
□ ツバキ城築城記
日経BP社／2009
□ 21世紀建築魂
INAX出版／2009
□失われた近代建築 I 都市施設編
写真 増田彰久／講談社／2010
□失われた近代建築 II 文化施設編
写真 増田彰久／講談社／2010

藤森照信
1946　　長野県茅野市生まれ
1971　　東北大学工学部建築学科卒業
1978　　東京大学大学院博士課程満期終了
1979　　博士論文「明治期における都市計画の歴史的研究」提出
1982-2010 東京大学生産技術研究所専任講師，助教授，教授
現在，工学院大学教授，東京大学名誉教授

写真クレジット
藤森照信：p.37, p.71, p.88, p.107, p.108, p.109, pp.134-135, p.252下, p.253
大嶋信道：p.128
上記以外 GA photographers

図版・写真提供
藤森照信：p.7, p.9, p.10, p.13, p.14, p.22, p.24, p.28, p.30, p.35, p.39, p.44, p.224, p.286
田村祐介：p.36
内田祥士：p.61, p.80, p.81, p.112, p.115, p.116, p.117, p.165
大嶋信道：p.95, p.97, p.98, p.103, p.139, p.147, p.152, p.153, p.156, p.157, p.161, p.171, p.174, p.180, p.181, p.186
入江雅昭：p.194, p.195, p.198, p.199
桑原裕彰：p.208
川上恵一：p.212, p.213
速水清孝：p.228, p.229, p.268, p.269
中谷弘志：p.237, pp.240-241
上記以外スケッチ 藤森照信

インタヴューは，2010年8月9日から8月23日に亘って行われた。

藤森照信読本

2010年9月24日発行

企画・編集：二川幸夫
インタヴュー：二川由夫
撮影：GA photographers
発行者：二川幸夫
印刷・製本：大日本印刷株式会社
発行：エーディーエー・エディタ・トーキョー
東京都渋谷区千駄ヶ谷3-12-14
TEL:03-3403-1581 FAX:03-3497-0649
E-MAIL: info@ga-ada.co.jp

禁無断転載

ISBN 978-4-87140-670-3 C1052